Bienvenue ch Gaulois

G000167166

Essai socio-historico-humoristique pour mieux comprendre les Français

Gaspard Chevallier

Les Français sont ces gens impossibles,
qui répètent qu'impossible n'est pas français.
Robert Sabatier

Ne mettez jamais en doute le courage des Français,
ce sont eux qui ont découvert
que les escargots étaient comestibles.
Doug Larson

À tous mes compatriotes,
que j'égratigne quelque peu certes,
mais toujours avec amour, affection et bienveillance.

Sommaire

Avant-propos

Vous avez dans les mains un livre qui a comme principal sujet d'élucider la nature et le comportement des Français, écrit en français par un Franchouillard.

Mais pour qui se prend-il ?

Quelle est sa légitimité ?

Et si vous êtes français, alors peut-être pensez-vous : que va-t-il nous apprendre de nouveau sur nous-mêmes et sur notre pays ?

Connais-toi toi-même, disaient auparavant les sages philosophes grecs. L'introspection possède de bien sages vertus. Elle permet de mieux comprendre, voire d'excuser certains de ses propres comportements et habitudes. Le recul et la distance sur soi sont souvent bénéfiques. On a aussi coutume de dire : « *Quand je me regarde, je me désole. Quand je me compare, je me console* »...

Pour répondre à la question de la légitimité, je connais parfaitement la France... puisque je ne l'habite plus depuis vingt-cinq ans !

Quand je reviens dans mon pays natal, j'ai plutôt l'impression que c'est ma terre d'expatriation. Tout est si différent, si particulier si... gaulois. Ce pays ne cesse de surprendre, car il est tout simplement fascinant.

Je conçois que décrire son propre pays soit un exercice périlleux. Cependant, il faut reconnaître qu'en France, il se passe continuellement quelque chose. Que ce soit un événement sportif, culturel, un fait de société, une grève, ou encore et malheureusement l'incendie de l'une de ses cathédrales.

Si je n'avais pas été français, j'aurais tant aimé l'être !

Et puis il y a tellement à écrire sur les Français.

Parce qu'ils sont capables d'inventer le cinéma, la voiture, la radioactivité, mais également le soutien-gorge, le croque-monsieur, la poubelle et le dentier.

Parce que les Français mettent sur le même piédestal Napoléon, Louis XIV, le général de Gaulle, mais aussi Johnny Hallyday, Zinédine Zidane ou Coluche.

Pourquoi avoir choisi le coq comme emblème, alors que les pays voisins ont opté pour de puissants animaux tels que l'aigle, le taureau ou le lion ?

Un pays dont les ressortissants ont construit l'avion de ligne et le train les plus rapides au monde, mais ont aussi eu la merveilleuse idée de mettre des pianos dans les aéroports et de transformer une gare en musée.

Parce qu'en France, un président peut avoir une maîtresse, se faire plaquer pendant son mandat, épouser une femme de plusieurs décennies son aînée ou encore mourir en pleine action.

La France, ce soi-disant ex-empire colonial, seul pays au monde à exercer sa souveraineté sur tous les océans.

Parce que les Français peuvent cumuler les titres de champions du monde de football, de consommation de vin et d'heures passées à table.

Un pays qui a réussi à transformer un vêtement rangé dans le coffre d'une voiture en un symbole majeur d'un mouvement contestataire.

Parce qu'en France, on aime intrinsèquement se rebeller contre tout : le système, le gouvernement, son employeur, et qu'on va jusqu'à se mettre en grève préventivement contre une loi qui n'existe pas encore.

Un pays où la cuisine prend une telle importance qu'elle est inscrite au patrimoine culturel immatériel de l'Unesco.

Parce qu'en France, selon la région où l'on se trouve, on se salue en se faisant une bise, deux et parfois aussi jusqu'à cinq.

La France, une nation devenue arc-en-ciel, multiculturelle, black blanc beur, haute en couleurs, néanmoins qui peine toujours à l'assimiler.

Un pays vu comme celui de l'amour et dont les mots « voulez-vous coucher avec moi ? » sont les plus prononcés par les étrangers.

Parce que les Français s'expriment en une langue qualifiée des plus sexy (toujours par ces mêmes étrangers), quoiqu'aux consonances si animales : coucou, quoi, oui…

Un pays où les serveurs de brasserie portent éternellement des nœuds papillon, pendant que leurs clients trempent un croissant dans leur café.

Un peuple capable de jurer et de souhaiter bonne chance avec le même mot de cinq lettres.

Parce que les Français sont capables d'adorer leur roi, puis de lui couper la tête, mettre à sa place un empereur et le répudier en l'envoyant en exil.

La France, le pays du vin, du champagne, du cognac, de l'armagnac, du calvados, du pastis et tant d'autres élixirs de jouvence.

Un peuple où les artistes transforment des urinoirs en œuvre d'art, bâtissent une pyramide de verre devant un édifice plus que centenaire, ou fendent le ciel de leur capitale avec une tour d'acier.

Ce sont ces paradoxes, bizarreries, loufoqueries parfois à la limite de l'incohérence que je vais m'efforcer de vous conter avec humour (je l'espère), bienveillance (je m'y efforce) et la distance que me confère l'expatriation.

J'ai écrit ce livre avec ce primordial et ambitieux objectif de vous apprendre de multiples faits propres à la France, et à ses ressortissants, même si vous êtes l'un d'entre eux.
Je l'ai aussi rédigé en compilant des anecdotes cocasses, parfois potaches, et toutes réellement vécues, pensant que le rire demeure un efficace et surtout fort agréable moyen de communication.

Je vous emmène en excursion virtuelle dans les frontières de l'Hexagone, afin de vérifier la véracité de ses nombreux clichés et stéréotypes.

Je vous propose une réflexion globale sur le style de vie à la française, si singulier, atypique et étonnant.
Je vous transporte dans le cœur d'un Gaulois expatrié qui aime aussi profondément son pays… qu'il le charrie.

Bonne lecture et bon voyage dans l'Hexagone !

Un peuple chauvin qui vénère ses héros... et parfois aussi les répudie

En France, on est fier d'être français, particulièrement devant les étrangers, c'est ce qui est communément appelé le chauvinisme. « Taper sur la France » représente un crime de lèse-majesté si l'on n'est pas issu de l'Hexagone. En revanche, l'ex-peuple gaulois demeure le champion du monde de l'autocritique, de l'autoflagellation ou du *French bashing*...

En résumé, on ne jouit du droit de critiquer la France que si l'on est français !

Comprenne qui voudra...

De passage dans l'Hexagone, j'ai parfois déprécié mon pays à voix haute, à cause d'une grève qui avait annulé mon vol, ou d'un gilet jaune qui avait retardé mon rendez-vous... et je me suis à chaque fois attiré les foudres de mes compatriotes : « Mais toi, tu n'as pas le droit de critiquer, tu ne vis pas en France ». Ces mêmes compatriotes qui, la minute d'après, vont vilipender avec force, et souvent pour des raisons identiques, notre pays : « Quel bordel, encore une grève ! Pauvre France... »

On peut dresser un constat semblable pour les étrangers qui ont choisi l'Hexagone comme lieu de vie, et pour qui une quelconque critique émise à l'égard de leur pays d'asile est des plus mal vues.

On prête même à l'ex-président Nicolas Sarkozy le slogan devenu célèbre : « *La France, tu l'aimes ou tu la quittes* ».

Je rectifierai donc quelque peu mon propos : on ne dispose du droit de critiquer la France... que si l'on est gaulois, et si l'on habite en France !

D'après un récent sondage où de nombreuses nationalités étaient questionnées, l'Hexagone est le pays d'Europe où les habitants sont les plus arrogants. Mais toujours d'après cette enquête, les Français furent les seuls à se considérer eux-mêmes comme les plus arrogants, alors que chaque peuple sondé en a désigné un autre !

Amende honorable quoi qu'il en soit. On dit judicieusement « péché avoué est à demi pardonné ».

Et pourquoi ce mythe, ou réalité, de l'arrogance et du mépris français ?

Certains décalages culturels pourraient l'expliquer.

Si en France vous entrez dans un magasin sans prononcer le mot magique : « Bonjour » (puis « s'il vous plaît »), et que vous interpellez l'employé, en lui demandant :
— Qu'est-ce que vous vendez ?
Voire, ne dominant pas les subtilités de la langue et du vouvoiement :
— Qu'est-ce que tu as à me vendre, toi ?

Il est fort probable que la réponse ne soit pas des plus amicales possible… bien que l'employé ait certainement envie de vous vendre quelque chose.

Les Français sont d'ordinaire très à cheval sur les règles de courtoisie.

Paris est l'une des villes les plus visitées au monde, mais la priorité du touriste n'est pas tout à fait identique à celle de l'habitant de la capitale. Les piétons parisiens sont souvent pressés et peu enclins à venir en aide au touriste cherchant son chemin. Et les serveurs des bars et restaurants, souvent dans le rush des commandes.
Et puis il y a la barrière de la langue. Même si la tendance est en train de s'inverser avec les nouvelles générations, un nombre élevé d'Hexagonaux résiste encore à la langue de Shakespeare.

Si en plus on ne se comprend pas, alors comment pourra-t-on s'entendre ?!

Telle cette anecdote d'un couple de touristes, de passage en France, qui répétait à l'employé d'une agence de voyages : « Nous voulons partir en Normandie avec Aline ». Perplexe, l'employé leur demanda qui était donc cette jeune femme. Les clients s'agacèrent devant l'incompétence du voyagiste, et insistèrent en chœur : « Aline, vous savez… avec tout, quoi ! », jusqu'à ce que la malheureuse femme assimile qu'il fallait comprendre « *All In* », c'est-à-dire tout inclus !

Dans une similaire lignée de malencontreuses confusions, l'histoire de cet autre étranger se présentant à l'office du tourisme de Quiberon en Bretagne, afin de consulter les horaires d'ouverture du musée des Chiants, avant que

l'hôtesse d'accueil le corrige aimablement en ces termes :
« Vous voulez dire le musée des Chouans, je présume ».

Et puis les Gaulois chérissent tellement leur pays (bien qu'ils le critiquent), que parfois, ils peuvent passer pour des arrogants. Répondant à la question d'un autre sondage : quel est votre pays idéal pour vivre, travailler ou étudier ? Alors qu'une vaste majorité des personnes questionnées a choisi une destination exotique, la plupart des Français interrogés ont répondu… la France !

Pour revenir au chauvinisme, ce puissant sentiment de fierté nationale, pour la petite histoire, le mot tiendrait son origine d'un autre Nicolas, Nicolas Chauvin. Soldat du Premier Empire, il aurait perdu dans une bataille quelques doigts et un morceau de crâne (on se demande d'ailleurs comment !). Malgré cela, il aurait continué à défendre fièrement sa nation.

Et que les Hexagonaux sont chauvins !

Un ami suédois m'a judicieusement fait remarquer qu'en France, on affectionne éminemment ce mot. Notre compagnie aérienne s'appelle Air France, notre société Électricité… de France. Le constat est identique pour notre entreprise de gaz, nos chaînes de télévision (France 2, France 3), notre ex-monnaie : le franc, un bateau qui a fait notre gloire : le France, de nombreux journaux : *Aujourd'hui en France*, *Jours de France*, *France Football*, et la liste est non exhaustive.

Le prénom France est également couramment donné. Et il y a même une actrice répondant au joli nom de Cécile de France, mais… elle est belge, pas de chance !

En Suède, la compagnie aérienne s'appelle Scandinavian Airlines System, la monnaie : la couronne, l'entreprise d'électricité : Vattenfall. De toute évidence, la remarque de mon ami suédois est assez pertinente.

Oui, oui, en France on aime ce mot.

Et l'exemple le plus flagrant afin d'illustrer mes dires est celui du Stade de France.

Une fois achevé, le lieu destiné à accueillir les événements sportifs majeurs du territoire, notamment la fameuse Coupe du monde de 1998, fut l'objet d'une consultation d'ampleur nationale.
Les éminents cerveaux du pays, ainsi qu'une sélection représentative de compatriotes, furent invités à plancher un week-end durant sur le futur nom de l'écrin sportif qui allait faire la fierté de l'Hexagone.
Cet exceptionnel effort de *brainstorming* accoucha d'un nom fort original... celui de Stade de France.

Tout ça pour ça !

Le Parc des Princes, autre enceinte sportive parisienne, fut baptisé de façon un peu plus originale. Saint-Denis étant la ville où les rois français reposent en paix, un nom évocateur aurait pu être *le Jardin des Rois*...

Et puisque nous évoquons les rois, le dernier d'entre eux, pour tant de Français, est... Johnny Hallyday.

Je vais en surprendre, voire choquer, plus d'un avec cette affirmation. Mais il suffit de se remémorer l'émotion suscitée par son décès pour constater l'ampleur du culte généré par le chanteur, qui était, faut-il le rappeler, lui aussi d'origine belge. Ironie du sort.

Les chaînes de télévision interrompant leurs programmes, une immense couverture médiatique, des funérailles nationales, le pays a retenu son souffle des jours entiers pour rendre hommage à cet artiste qui a traversé les générations.

Mon épouse, devant un tel engouement, n'en croyait pas ses yeux, ni ses oreilles. J'avais beau lui rétorquer que son compatriote, Julio Iglesias, déchaînerait probablement passion similaire dans son pays... eh bien non, les Ibériques, comme d'autres peuples, aussi passionnés soient-ils, ne sont pas aussi extrêmes que les Français, quand il s'agit de vénérer leurs stars.

Que dire du culte consacré au général de Gaulle ?

Un aéroport, un porte-avions, la place la plus emblématique de Paris, une avenue non moins emblématique et tant d'autres honneurs.

Oui, mais il a néanmoins sauvé la France pendant la Seconde Guerre mondiale, alors que notre Johnny Hallyday...

Il faut bel et bien être gaulois pour assimiler ce genre de phénomène.

Nous avons également la fâcheuse manie de répudier nos héros, à un moment ou à un autre de leur existence, et parfois aussi après leur passage sur terre.

C'est ainsi que Napoléon mourut au terme de six années d'exil passées à Sainte-Hélène, minuscule île perdue au milieu de l'Atlantique et si loin de la terre pour laquelle il avait tant donné. La faute aux Anglais qui, fiers de leur

victoire à Waterloo, avaient cru bon d'éloigner l'individu, pour qu'il ne puisse plus « nuire au repos du monde ».
L'un de ses compatriotes aurait cependant pu voler à son secours ! Six ans, ce n'est pas rien…

Le général de Gaulle a connu une ingrate sortie de vie politique, essuyant un non massif des Français au referendum qu'il leur avait soumis. Cette consultation ne portait pas sur son maintien comme chef d'État, mais sur un projet de loi relatif à la création de régions, et à la rénovation du Sénat.
Il en mourra un an après.

Et Johnny Hallyday est tombé dans l'estime de tant de ses fans, pour avoir déshérité (sous réserve de preuves tangibles) ses deux premiers enfants, au profit de ses deux derniers.

Dur dur d'être un héros français !

En France, on n'a pas de pétrole, mais on a des idées.

Ce célèbre slogan publicitaire, né entre les deux chocs pétroliers des années soixante-dix, s'avère exact en recensant le nombre d'inventions françaises qui ont transformé notre vie.

C'est à des Gaulois que l'on doit l'invention de l'automobile, l'avion, la montgolfière, le bateau à vapeur, la machine à calculer, le moteur à explosion, la bicyclette, la photographie, le cinéma, le micro-ordinateur, la carte à puce, le crayon, la poudre à canon, le système métrique, l'allumette… mais aussi le soutien-gorge moderne, le parapluie pliant, l'aspirine, la conserve alimentaire, le nettoyage à sec, la pétanque, le sèche-cheveux, le croque-monsieur, la poubelle, le dentier et le bidet !

Les contes de *La Belle au bois dormant,* du *Petit Chaperon rouge,* du *Chat botté,* de *Cendrillon,* du *Petit Poucet,* sont issus de l'imagination du Parisien Charles Perrault.

C'est à l'explorateur Jacques-Yves Cousteau que l'on doit l'invention du scaphandre autonome et le traité de protection globale de l'Antarctique, encore en vigueur de nos jours.

La statue de la Liberté, devenue le symbole d'une des villes les plus fascinantes du monde, est un cadeau des Français réalisé par le sculpteur Bartholdi.

Le non moins fascinant Christ Rédempteur de Rio de Janeiro est l'œuvre du Parisien Paul Landowski.

C'est au baron Pierre de Coubertin que l'on doit les Jeux olympiques des temps modernes.

Grâce à la dévotion de Jean-François Champollion, les Égyptiens purent déchiffrer à nouveau les écrits de leurs ancêtres.

Ferdinand de Lesseps fut le promoteur des projets les plus ambitieux de son époque : le canal de Suez et celui de Panama.

Ambroise Paré et Antoine-Laurent de Lavoisier sont considérés comme les pères respectivement de la chirurgie et la chimie moderne.

Et Robert Schuman et Jean Monnet comme les pères de l'Europe.

Le marquis de La Fayette joua un rôle déterminant pendant la guerre d'indépendance des États-Unis, pour son action en faveur des insurgés américains.

De nombreuses prophéties de l'apothicaire astrologue Nostradamus se sont révélées exactes plus de cinq siècles après leur écriture.

Les recherches de Louis Pasteur, ayant abouti à un miraculeux vaccin, ont mis fin au fléau épouvantable de la rage.

Pierre et Marie Curie, avant de devenir une station de métro parisienne, ont durement planché pour mettre au point la radioactivité.

Certains Hexagonaux se sont également illustrés pour leur dévotion envers les autres.

C'est à l'abbé Pierre que l'on doit Emmaüs, mouvement de lutte contre la pauvreté et l'exclusion, actif de nos jours sur tous les continents.

La « petite sœur des pauvres et des chiffonniers », Sœur Emmanuelle, a dévoué sa vie aux enfants en détresse et aux démunis, particulièrement en Égypte.

Le comédien Coluche, après avoir démontré son talent sur scène, a déployé sa générosité en créant *Les Restos du cœur*, association distribuant des repas aux plus nécessiteux, et qui perdure des décennies après sa création.

Que de Gaulois illustres… et la liste est loin d'être complète.

Cocorico !

Et pourquoi donc les Français ont-ils choisi le coq comme emblème ?

L'origine viendrait d'une coïncidence linguistique entre les mots latins « gallus » (coq) et « Gallus » (Gaulois).
Il paraît que les Romains se moquaient copieusement des Gaulois en jouant sur les deux termes.
Avec le temps, les rois de France ont adopté l'animal à la crête et au joli plumage comme emblème, grâce à son courage et sa bravoure.

Il est pertinent de souligner que les hispanophones continuent invariablement à nous baptiser coq (*gallo*).

Un aigle pour représenter l'Allemagne, un lion pour l'Angleterre, un taureau pour l'Espagne.
Nous, nous avons opté pour le coq !

Et puis, comme le disait pertinemment Coluche : « Les Français ont choisi comme emblème le coq, car c'est le seul oiseau qui arrive à chanter, les pieds dans la merde ! »

Alors que les superhéros américains détiennent d'immenses pouvoirs, d'impressionnants muscles, et volent dans les airs, le superhéros gaulois porte un béret, une moustache, une cocarde, un marcel et répond au nom évocateur de Superdupont... et nous en sommes fiers !

Les films cultes des habitants de l'Hexagone ne sont pas *Titanic*, *E.T.*, *Avatar*, ou un quelconque autre blockbuster à grand spectacle de ce type, mais des comédies telles que *Le père Noël est une ordure, Le Gendarme de Saint-Tropez* ou encore *Les Bronzés font du ski...* et nous en sommes aussi très fiers !

Je reviendrai au cours de ce livre sur d'autres célèbres Français, notamment artistes, écrivains et philosophes, mais impossible de ne pas mentionner Jeanne d'Arc, elle aussi héroïne répudiée de l'Hexagone.

Après des années de lutte contre l'assaillant d'outre-Manche, elle fut capturée par des compatriotes peu scrupuleux, puis vendue aux Anglais, qui la brûlèrent vive, l'accusant d'être ensorceleuse.

Que peut-on dire de plus sur celle dont on connaît déjà tout ?

Qu'elle ne s'est jamais appelée Jeanne d'Arc de son vivant !

Son prénom était Johanne, mais au fil du temps, il a été modernisé en « Jeanne ».

Son père s'appelait effectivement d'Arc (relatif au pont), mais dans « le pays » où elle est née (Domrémy-la-Pucelle dans le département des Vosges) les filles portaient le nom de leur mère, et la sienne se nommait de Vouthon (village se trouvant à cinq kilomètres de Domrémy-la-Pucelle). Mais sa progénitrice était surtout surnommée « Romée » en référence à un pèlerinage à Rome.

En d'autres termes, le véritable nom de Jeanne d'Arc est Johanne Romée.

D'autre part, contrairement à ce que l'on peut fréquemment penser, son surnom « la pucelle d'Orléans » n'avait pas de rapport avec une prétendue virginité. À l'époque, le mot était avant tout employé pour souligner sa pureté.

Et Jeanne d'Arc, tout comme Charles de Gaulle, a aussi eu droit à son porte-avions…

Le Superdupont du dessinateur Gotlib et le coq gaulois

« Voulez-vous coucher avec moi ? » : mythe et réalité de l'amour à la française

Alors que j'étais en vacances en Égypte, au pied de la pyramide de Khéops, tombeau présumé du pharaon éponyme, édifiée il y a quatre mille cinq cents ans et plus haute pyramide du plateau de Gizeh… Ces précisions historiques n'apportant aucune valeur ajoutée au sujet de mon propos exposé ci-après, je reprends ainsi plus sobrement : alors que j'étais de visite en Égypte, répondant à un jeune guide qui m'avait demandé ma nationalité, les mots de l'autochtone fusèrent aussitôt :

— Oh, l'amour ! Voulez-vous coucher avec moi ?

— Mais dites donc, jeune homme, je ne suis pas un garçon facile !

Les touristes témoins en première loge de la scène pouffaient de rire devant le burlesque de la circonstance !

Si vous êtes français, en voyage à l'étranger, peut-être vous êtes-vous déjà retrouvé dans une pareille situation ?

Il ressort que les mots amour, fiancé, rendez-vous et les expressions « coucher avec moi » ou encore « ménage à trois » collent implacablement à la peau des Gaulois.

On ne va pas s'en plaindre, il s'agit de préjugés plutôt flatteurs, puisque nous parlons d'amour.

Mais alors pourquoi une telle réputation ?

De tels stéréotypes ?

Pourquoi la France est-elle perçue comme un pays si libertin et romantique ?

C'est ce que je vais tenter de vous expliquer dans ce chapitre.

Résumer la France à Paris est un raccourci bien trop facile, mais force est de constater que la capitale de l'Hexagone est perçue par beaucoup comme « la ville de l'amour ». *« Ajoutez deux lettres à Paris : c'est le paradis »*, écrivait, sans doute à juste titre, le romancier Jules Renard.

Une balade sur les bords de Seine, une promenade dans le jardin du Luxembourg, une visite au Sacré-Cœur de Montmartre, une croisière en bateau-mouche, et la magie de Cupidon s'opère aussitôt.

C'est ainsi que Paris est la capitale mondiale des demandes en justes noces, mais aussi des photos de mariage !
Les couples récemment unis n'hésitent pas à faire leurs valises pour poser triomphalement au pied de la tour Eiffel, et à tour de rôle devant l'Arc de triomphe.

Certains de ces amoureux ont peut-être en tête la célèbre photographie de Robert Doisneau, de ce couple des années cinquante s'embrassant passionnément, avec l'Hôtel de Ville en toile de fond. Un cliché mythique et universellement connu.

Les couples viennent à Paris pour sceller leur amour spirituellement, et parfois matériellement, baptisant un cadenas et l'accrochant symboliquement à un pont de la capitale. De ce fait, l'un d'entre eux, le pont des Arts, croulant sous le poids de ces ustensiles jugés inesthétiques par certains, a dû troquer sa main courante en acier contre de modernes panneaux en verre, rendant ainsi impossible l'accroche des « cadenas de la passion ».

Les amoureux pourront se consoler avec le *Mur des je t'aime* de la butte Montmartre. Cette œuvre murale aux gigantesques dimensions reproduit sur des carreaux de lave émaillée des « je t'aime » en pas moins de deux cent cinquante langues.
Quel écolier n'a jamais gravé au canif le prénom de son premier amour ?
Quel adolescent n'a pas entaillé l'écorce d'un arbre pour y inscrire ses initiales et celles de l'objet de ses désirs, au milieu d'un cœur percé d'une flèche ?
Le *Mur des je t'aime* représente un hommage à ces témoignages d'affection anonymes, et c'est le nouveau chouchou des couples explorant la capitale.

Mais Paris, c'est aussi une autre forme d'amour. Le bois de Boulogne, la place Pigalle, et les nombreux clubs échangistes que compte la ville sont des illustrations du caractère si libertin de la capitale française.

La France a notamment été pionnière en matière de libertinage. On lui doit son origine à une réaction philosophique contre les contraintes morales de l'Église du XVIe siècle. Les jeunes libertins cherchaient le scandale et la provocation par leurs écrits et leurs attitudes, n'hésitant pas à bafouer toutes les règles établies. C'est l'époque où les Crébillon, Sade ou encore Laclos, véritables icônes de la débauche, s'illustrèrent.

Plus légèrement, les Folies Bergère, le Lido, le Moulin-Rouge et autres Crazy Horse n'ont fait que renforcer le mythe des cabarets parisiens avec leurs spectacles aux danseuses considérées comme « les plus sexy au monde ».

Un paradoxe à prendre en compte toutefois : Paris est peut-être qualifiée comme *la ville de l'amour,* mais c'est aussi l'une des villes qui comptent le plus de couples divorcés sur notre planète...

La langue française est perçue par beaucoup d'étrangers comme un langage extrêmement « sexy », ce qui contribue au mythe du *French Lover.* Un ami hollandais me faisait d'ailleurs judicieusement remarquer, en ajoutant une mimique des plus explicites, que pour convenablement prononcer le français, il fallait mettre sa bouche en cœur !
Les Anglo-Saxons, entre autres, raffolent de l'accent des Gaulois quand ils s'expriment en anglais.
À ce sujet, une femme française a longtemps fait le buzz sur les réseaux sociaux, en déclarant : « *What you need in life is happiness* ».
Palabres tout à fait honorables puisque personne ne peut nier que le bonheur est fondamental, dans la vie de tout un chacun.
Mais l'accent français très prononcé de la jeune femme transforma radicalement le sens de la phrase, qui fut

perçue outre-Manche comme : « *What you need in life is a penis* ».

Citation qui n'a pas exactement la même signification, il faut raisonnablement l'admettre...

« *Love* » est le mot le plus prononcé au monde. On ne peut que se réjouir d'une telle popularité tant il est important de s'aimer dans la vie.

Cocorico, l'origine du mot est magistralement gauloise !

Se lover, c'est-à-dire l'action de s'enrouler sur soi-même, serait à la base du mot anglais, à une époque où le français était couramment parlé outre-Manche.

Toujours dans la langue de Shakespeare, on parle de *French kiss* pour évoquer un baiser langoureux.

Dans ma Provence natale, ce sont les termes « soupe de langues » qui sont employés. C'est nettement moins distingué...

L'expression *French kiss* aurait sa source juste après la Première Guerre mondiale, quand les soldats américains et anglais revenus au pays relatèrent les pratiques et mœurs de nos poilus qu'ils jugeaient légères, si loin des idéaux romantiques et puritains anglo-saxons.

Dans la lignée de mon propos sur la prépondérance de l'amour en France sous toutes ses formes, faut-il rappeler que l'élection de Miss France est l'émission la plus regardée de l'Hexagone ? Que les ventes françaises de lingerie féminine et de contraceptifs sont parmi les plus élevées au monde ?

Le chanteur Antoine dans ses *Élucubrations* avait tout à fait raison de chanter : « Pour enrichir le pays, mettez la pilule en vente dans les Monoprix, oh yeah ! »

Beaucoup d'hommes (et de femmes aussi) gardent peut-être encore en mémoire l'image de Brigitte Bardot et de son bikini blanc, aussitôt devenu culte, dans *Et Dieu… créa la femme*.
Rappelons que le film est sorti en 1956, dans une France demeurant très puritaine.
D'autres ont certainement davantage en tête le moment où l'actrice ne porte plus de bikini…
Toujours est-il que ce maillot deux pièces est une invention gauloise. Il est l'œuvre d'un homme qui, constatant que les femmes baissaient leur maillot de bain pour mieux bronzer, eut l'idée d'un vêtement léger (c'est le moins que l'on puisse dire), composé d'un bandeau pour le haut, et de deux triangles inversés pour le bas. Pour l'anecdote, l'homme en question, Louis Réard, avait hérité d'une boutique de lingerie de sa mère près des Folies Bergère, et eut l'idée du nom bikini car à cette époque, sur l'atoll Bikini, aux Îles Marshall, avait eu lieu une explosion nucléaire. Espérant que l'effet de mode de ce nouveau produit serait comparable à celui d'une bombe atomique, il alla jusqu'à déposer un brevet pour protéger sa création.

À notre époque, les bikinis sont redevenus des maillots une pièce sur beaucoup de plages de l'Hexagone, bronzage « quasi intégral » oblige. On parle alors de monokini.
Ma mère m'a raconté que lorsque j'étais enfant, observant pour la première fois des femmes « topless »

sur une plage, je lui avais formulé cette question si perspicace : « Mais ces femmes n'ont-elles pas assez d'argent pour s'acheter des maillots complets ? »

Alors que l'été 1981 battait son plein, une campagne d'affichage extérieure défraya la chronique en France.
Elle reproduisait une jeune femme vêtue d'un seul bikini, les poings sur les hanches, dos à la mer, avec cette annonce choc : « Le 2 septembre, j'enlève le haut ».
Le 2 septembre, une deuxième affiche quasi identique à la première, toujours de face, permit de constater que la jeune femme avait effectivement ôté le haut de son maillot de bain.
Mais le publicitaire n'en resta pas là, puisque le feuilleton continua en annonçant sur ces semblables affiches : « Le 4 septembre, j'enlève le bas ».
Et le 4 septembre, une troisième et dernière publicité représenta le modèle ayant retiré le bas de son maillot de bain, mais cette fois, posant de dos, face à la mer avec le slogan : « Avenir, l'afficheur qui tient ses promesses ».
Inutile d'ajouter que cette publicité est passée à la postérité dans un grand nombre de foyers de l'Hexagone...

J'ai eu la chance de faire mes études dans *la ville de l'amour*.
Avec des amis, nous avions élaboré de nombreuses stratégies de drague avec plus au moins de succès, selon les jours. L'une de ces techniques consistait à s'approcher d'une jeune fille en tenant un morceau de papier dans sa main et à demander à cette personne si elle pouvait nous prêter de quoi écrire (pendant ma période estudiantine, les portables n'existaient pas encore...).

Les femmes ont généralement de nombreux accessoires dans leur sac, et les stylographes en font partie.

Une fois le stylo sorti du sac, nous tendions le papier à la demoiselle, en lui demandant gentiment d'écrire son numéro de téléphone.

Et nous n'avons jamais obtenu un seul numéro de téléphone !

Du moins sur le moment. Par contre, c'est la technique parfaite pour « briser la glace », susciter la curiosité, déclencher un fou rire... et plus tard dans la soirée obtenir ce tant désiré numéro de téléphone pour poursuivre l'aventure.

Un ami était tombé sous le charme du sourire ravageur d'une jeune fille qui, tous les vendredis, retrouvait ses copines dans un bar du Quartier latin parisien. Cet ami se postait chaque soir de retrouvailles en embuscade au fond de l'enceinte, afin d'observer, les yeux remplis d'étoiles, l'objet de ses fantasmes. Une relation platonique de plusieurs semaines, à laquelle il décida de mettre en terme en passant à l'action.

Il nous avait prévenus et nous allions être les témoins de ses premiers pas.

Après plusieurs bières ingurgitées, afin de se donner de la force, il s'approcha de la jeune fille et ne put prononcer que quelques mots d'un discours, qu'il avait pourtant longuement répété dans sa tête :

— Vous êtes vraiment très très belle.

La réponse fut cinglante, cruelle, implacable, mais eut le mérite d'être honnête :

— Peut-être. Merci, en tout cas, mais je suis aussi très très mariée.

Fin de la conversation.

Et voilà comment l'espérance d'une idylle passionnée se retrouve anéantie en l'espace de quelques malheureuses secondes…

Inutile de vous dire que ce fut pour nous, présents aux premières loges de ce couac, l'un de nos plus mémorables fous rires de toute notre période estudiantine.

Fort heureusement pour notre ami, la peine fut de courte durée puisqu'il se consola le lendemain même, dans les bras d'une Bretonne, rencontrée avec la puissante technique du stylo !

Le « Français moyen » n'est du reste pas le seul à être dragueur. Comment ne pas évoquer la place prépondérante de l'amour… chez les présidents de la République française !

Déjà au XIXe siècle, on parle d'une « mort heureuse » pour le chef d'État Félix Faure… en présence de sa maîtresse et en pleine action, selon la légende. Voyant son amant suffoquer, la malheureuse aurait appelé à l'aide avant de s'enfuir à toutes jambes en oubliant son corset sur place. L'anecdote raconte que le prêtre arrivé sur les lieux pour l'extrême-onction aurait par la suite demandé si le président avait « encore sa connaissance » et qu'un garde lui aurait alors répondu : « Non, elle vient de s'enfuir par l'escalier de service ».

Depuis les années soixante-dix, les présidents français qui se sont succédé ont tous fait parler d'eux pour leurs frasques sentimentales.

Valéry Giscard d'Estaing eut beau mettre en scène sa vie de famille à l'Élysée, son penchant pour les jolies femmes fut de notoriété publique. Par ailleurs, lui-même ne s'en est pas caché, publiant un roman intitulé *La Princesse et le Président* basé sur une supposée idylle avec une femme ressemblant étonnamment à Diana Spencer.

Une journaliste allemande a porté plainte contre Giscard d'Estaing, l'accusant d'avoir posé une main sur son postérieur, après une interview donnée en 2018. Toujours alerte, l'ancien président comptait pourtant 92 printemps au moment des faits…

François Mitterrand n'a pas seulement démontré son dynamisme en parlant le verlan lors d'un entretien. Pendant son mandat, l'existence d'une fille « cachée », fruit d'une relation extraconjugale, a éclaté au grand jour. Lors de l'enterrement du président socialiste, l'image des trois femmes de sa vie : son épouse, sa fille et la mère de celle-ci, réunies et unies dans le chagrin, bouleversa la France.

Bernadette Chirac a elle-même admis que pour son mari de président « *avec les femmes, ça cavalait* ». L'ancienne première dame s'était ainsi résignée devant cette situation, déclarant : « *Je me suis dit que c'était la règle et qu'il fallait la subir avec autant de dignité que possible* ».

Pour Nicolas Sarkozy, c'est un peu l'inverse qui s'est produit. Il fait partie du cercle très fermé des présidents qui ont été quittés par leur femme durant leur mandat. Et pourtant, on a coutume de dire que les femmes aiment le pouvoir !

Il s'est cependant habilement rattrapé en épousant (encore pendant son mandat) la chanteuse et ex-mannequin Carla Bruni, qui lui a donné une fille.
Et pour la première fois dans l'histoire de la République, couches-culottes et biberons ont envahi la première maison de France !

Mais rassurez-vous, l'accalmie n'aura que très peu duré avec l'arrivée de François Hollande au pouvoir. L'homme avait auparavant fait parler de lui en quittant sa compagne de toujours, Ségolène Royal, pour une journaliste de *Paris Match*. Au beau milieu de son mandat, il fut surpris en flagrant délit par un paparazzi, chevauchant de nuit un scooter avec chauffeur pour aller retrouver sa nouvelle conquête, accessoirement de dix-huit ans plus jeune que lui.

Dominique Strauss-Kahn n'a pas été président, mais il a bien failli l'être. Alors qu'il était à la tête du puissant Fonds monétaire international, une accusation d'agression sexuelle dans un hôtel new-yorkais mit fin à ses ambitions de pouvoir. Il était pourtant le favori des sondages.

Les hommes politiques français sont décidément incorrigibles.

Il n'y a sans doute que l'Italie, avec les frasques de Berlusconi, pour éventuellement rivaliser avec la France sur ce sujet bouillant.

Mais tout va mieux puisque le président Emmanuel Macron est un homme marié et que son couple transmet une agréable sensation d'amour et de stabilité. Certains n'oublieront pas néanmoins de souligner que son épouse compte vingt-quatre printemps de plus que lui, ce qui n'est pas si courant...

Oui, oui, les hommes politiques de l'ancienne Gaule sont vraiment uniques.

Plus légèrement, la plume a permis de diffuser l'influence du romantisme français. Depuis des siècles, d'illustres poètes, romanciers et philosophes s'y sont attelés.

Comment rester insensible devant ces chefs-d'œuvre :

« Mon père m'a donné un cœur, mais vous l'avez fait battre. »
Honoré de Balzac

« Le monde a soif d'amour : tu viendras l'apaiser. »
Arthur Rimbaud

« On passe une moitié de sa vie à attendre ceux qu'on aimera, et l'autre moitié à quitter ceux qu'on aime. »
Victor Hugo

« L'amour est une étoffe tissée par la nature et brodée par l'imagination. »
Voltaire

« Un seul être vous manque et tout est dépeuplé. »
Alphonse de Lamartine

« L'amour est une hostie qu'il faut briser en deux au pied d'un autel, et avaler ensemble dans un baiser. »
Alfred de Musset

« L'amour est le miracle de la civilisation. »
Stendhal

« Je ne dirai pas les raisons que tu as de m'aimer. Car tu n'en as point. La raison d'aimer, c'est l'amour. »
Antoine de Saint-Exupéry

« La Raison parle, mais l'Amour chante. »
Alfred de Vigny

« L'amour est inguérissable. »
Marcel Proust

Et après la plume, la voix !

Malgré la rude concurrence des chanteurs anglo-saxons, nombreux sont les artistes de l'Hexagone ayant réussi à faire de leurs œuvres des succès planétaires.
Ils ont ainsi contribué à promouvoir la France au rang de pays lyrique.
Les mythiques *La Vie en rose* ou *Hymne à l'amour* d'Édith Piaf ont traversé des générations. Le touchant *Comme d'habitude* de Claude François est la chanson la plus reprise de l'histoire. Jacques Brel et son magnifique *Ne me quitte pas* demeurent le symbole d'un romantisme à la française. Oui, mais le problème est que Brel n'était pas français, mais belge. Oh, décidément !

Et pour clore ce chapitre dédié à l'amour « à la gauloise », une dernière anecdote quelque peu potache, qui vous laissera probablement songeur.

Lorsque j'habitais à Marseille, j'étais friand d'organisation de soirées dansantes. Alors que je me promenais dans une rue de la cité phocéenne, avec un cousin parisien venu passer quelques jours pour se ressourcer sous le soleil provençal, je croisai un ami. Je profitai ainsi de l'occasion pour l'inviter à ma prochaine soirée, vantant ses mérites en ces termes : « Tu vas voir, cette soirée va être fantastique, il y aura les plus belles filles de Marseille ». Ces mots sitôt prononcés, je me souvins alors que mon ami avait une copine et rectifiai quelque peu mon propos : « Mais viens avec ta petite amie, bien entendu ». Le Marseillais me rétorqua aussitôt avec son joli accent chantant : « Gassepard, quand tu vas au restaurant, tu amènes vraiment ton sandwich ? »

Mon cousin n'en croyait pas ses yeux… ni ses oreilles ! Plus de vingt années après les faits, il m'en parle toujours.

Mais ce n'est pas tout. Le samedi suivant, la soirée eut effectivement lieu, et mon ami est venu… sans sa copine.

Et ce qui termina « d'achever » définitivement mon cousin, improvisé disc jockey lors de la soirée, fut quand le régional de l'étape lui demanda de lancer la série sentimentale, en ces termes : « Oh, blond, et quand est-ce que tu nous mets des slows casse-braguettes ? »

Le bouquet final.

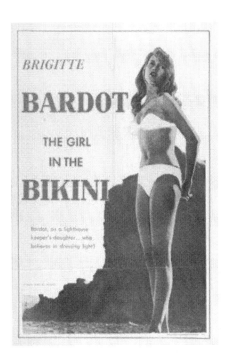

Brigitte Bardot en bikini à la une d'un magazine étranger.
Oh là là !

La langue de Molière, mais aussi de Hugo, Corneille, Voltaire, Baudelaire, etc.

On définit l'allemand comme la langue de Goethe, l'italien est aussitôt associé à l'écrivain Dante, l'espagnol demeure la langue de Cervantès, l'anglais celle de Shakespeare.

Et pour le français, que dit-on ? Langue de Molière, Voltaire, Corneille, Racine, Hugo, Verlaine, Rimbaud, Baudelaire… et tant d'autres.

Quelle richesse !

Mais avant d'être popularisée par d'illustres écrivains et poètes, la langue de Descartes a emprunté un chemin des plus sinueux.

Afin d'identifier son origine, il convient de remonter le temps de deux millénaires. Plus précisément à l'apogée de la guerre des Gaules (de 58 av. J.-C. à 51 av. J.-C.), quand les territoires du sud du Rhin sont devenus des provinces romaines.

À cette époque, les Gaulois s'exprimaient en gaulois, une langue d'origine celte. Les Romains, évidemment, parlaient le latin, mais un dérivé « vulgaire », présentant de notables différences avec l'écrit, à l'instar de celles que l'on peut observer de nos jours entre l'arabe parlé et celui qui est écrit.

Le mélange des deux langues, le latin et le gaulois, est à l'origine du français.

Cependant, le gaulois étant peu retranscrit, il s'est péniblement maintenu. Dans les dictionnaires de la langue française, seulement une centaine de mots portent encore trace de cette origine.

Quand Clovis unifia les peuples francs au Ve siècle, pour s'assurer du soutien des éminentes familles gallo-romaines, il adopta leur langue, le gallo-roman et par la même occasion leur religion, le catholicisme. C'est entre autres grâce à cette origine que l'on retrouve dans le français des contractions étranges comme le œ de nœud, de sœur ou de cœur par exemple.

Mais le véritable acte de naissance de la langue de Molière a eu lieu trois décennies plus tard, au moment des « Serments de Strasbourg ». Signé par les petits-fils de Charlemagne, le document est considéré comme la première pièce officielle du français, et il est extrêmement éloigné de la langue que l'on parle à présent. En voici un extrait : « *Pro Deo amur et pro christian poblo et nostro commun salvament* ».

C'est tout à fait digne d'un *lorem ipsum*, ce faux-texte sans signification utilisé à titre provisoire pour calibrer une mise en pages !

À partir du Xe siècle, les langues d'oïl ou d'oc (« oïl » et « oc » signifiant « oui ») sont apparues principalement dans la moitié Nord du pays, alors qu'à notre époque, on les parle essentiellement au sud. Elles sont communément considérées comme des dialectes du français. Puis, pendant la Renaissance, avec l'invention de l'imprimerie, il fallait « fixer » et unifier un jargon pour diffuser des ouvrages. C'est ainsi qu'est apparu le français, tel qu'on le connaît aujourd'hui.

Au début du XVIIe siècle, la langue française a connu son apogée quand elle se substitua au latin comme dialecte officiel des dominantes cours d'Europe. Elle devint alors le langage diplomatique par excellence, avant de se voir supplanter par celui de Shakespeare.

Fait relativement peu connu, le français demeura la langue officielle de l'Angleterre pendant plus de trois cents ans !

Suite à l'envahissement du pays au Moyen Âge par Guillaume le Conquérant, duc de Normandie, l'idiome franco-normand devint le plus parlé outre-Manche, qui entre autres particularités transformait les « ch » en « ke ». C'est ainsi que chat est devenu *cat* et charrier *carrier*, une fois l'anglais revenu en odeur de sainteté.

Tous les sujets de la cour d'Angleterre parlaient français et parfois même uniquement le français, comme ce fut le cas de Richard Cœur de Lion, mais aussi d'Édouard III, le roi qui emmena son pays dans l'interminable guerre de Cent Ans.

De cet héritage, la devise de la monarchie britannique est restée gauloise : *Dieu et mon droit*, ainsi que la devise de l'Ordre de chevalerie d'Angleterre : *Honni soit qui mal y pense*. Ces citations françaises ornent perpétuellement les armoiries du Royaume-Uni.

Ce n'est qu'en 1336 que l'anglais est redevenu la langue officielle dans les actes judiciaires, puis dans les universités britanniques.

Pourquoi le français a-t-il eu un tel succès ?

En dehors de sa proximité avec le latin, les historiens avancent les qualités du « caractère logique » et de la « précision » de la langue française.

Belle reconnaissance.

Aujourd'hui, elle est l'une des six langues officielles de l'ONU, la deuxième plus étudiée au monde, et demeure l'un des dialectes les plus parlés. Lycées français, alliances françaises et autres instituts d'un genre similaire contribuent à cette émancipation.

Ce que l'on sait peut-être moins, c'est que Paris a perdu son statut de première ville francophone de la planète, puisque Kinshasa lui a ravi ce titre honorifique.
Abidjan, Montréal, Casablanca, Yaoundé, Douala, Antananarivo, Dakar et Alger suivent en embuscade un classement où il faut remonter continuellement plus loin, pour retrouver trace d'une autre ville issue de l'Hexagone.

Cinquante et un pays et territoires ont la langue de Victor Hugo comme langage officiel ou co-officiel. C'est un record du monde !

Et comme expatrié, je me délecte de voir tant évoluer ce français, que l'on enseigne aussi bien à Wallis-et-Futuna qu'à Yamoussoukro.

Récemment, j'ai pu réaliser que ma langue maternelle avait nettement changé, en écoutant mon neveu parisien âgé de 15 ans converser avec l'un de ses amis.

« Mon pote Cyprien, tu sais le Kebla, figure-toi qu'il a gagné le concours du skate park, c'est un truc de ouf. Il est vraiment badass, ce keum. Il a gagné tous les baptou. Du coup, le gadjo est en mode smile permanent. Il a dû kiffer grave. Mazel tov, vraiment ! Et en plus, il a le swag. »

Après une étude approfondie, le défrichage de cette conversion est le suivant :

- Kebla : verlan de l'anglais black qualifiant la couleur de peau de l'ami de mon neveu.
- Ouf : verlan du mot fou.
- Badass : mot employé de nos jours pour décrire une personne suscitant l'admiration alors que son origine étymologique anglaise (*bad* : mauvais ; *ass* : cul) signifie plutôt le contraire.
- Keum : verlan de mec.
- Baptou : verlan du mot toubab signifiant blanc en wolof, l'une des langues officielles du Sénégal.
- Gadjo : mot qui à l'origine décrit une personne n'appartenant pas à la communauté gitane et qui au fil du temps est devenu un synonyme de « mec » ou « type ».
- En mode : expression empruntée aux jeux vidéo.
- Smile : sourire en anglais et… même en français !
- Kiffer : dérivé du mot arabe kif signifiant amusement.
- Grave : mot qui a perdu sa définition d'origine (sérieux, triste) en devenant une expression très

usitée par les jeunes, voire un tic de langage aux multiples significations telles que : important, tout à fait, stupide, etc.

- Mazel tov : mot d'origine hébraïque qui au sens strict se traduit par « bonne étoile » mais qui s'emploie couramment pour féliciter quelqu'un.
- Swag : mot d'origine anglaise signifiant avoir du style, notamment vestimentaire.

Il faut en conséquence un puissant décodeur pour saisir les conversations des jeunes de notre temps !

Le bon vieux Larousse a quelques soucis à se faire...

Il convient aussi de souligner la variété des origines du vocabulaire des jeunes, à l'image de la riche diversité culturelle du pays, qu'elle soit arabe, juive, gitane, africaine ou anglophone.

Et il y a fort à parier que la tendance s'accentuera avec le temps, le monde étant invariablement plus global, et la France un pays multiracial par excellence. Je reviendrai sur le sujet.

Déjà en 1985, François Mitterrand avait défrayé la chronique, démontrant une certaine jeunesse d'esprit, en citant les mots *câblé* et *chébran*. L'ex-président, interrogé par le journaliste Yves Mourousi, avoua qu'il parlait aussi le verlan au cours de son enfance.

Le mot câblé, cher à François Mitterrand est quelque peu passé de mode aujourd'hui, mais il n'est pas le seul.

Dans la jeunesse de mes parents, on parlait de flirter avec quelqu'un. Dans la mienne, c'est plutôt l'expression

« sortir avec » qui était employée. Les jeunes de maintenant diront plutôt qu'ils ont pécho, ou carrément qu'ils ont ken.

Autres temps, autres mœurs.

Dans les années quatre-vingt-dix, on disait : « Il se la joue un maximum » pour dénoncer un individu trop fier de lui ou encore : « Il a fait fort » pour décrire une personne ayant réussi quelque chose d'improbable. Ces expressions ne sont plus d'actualité au profit des « ça envoie du lourd », « j'ai québlo » ou autre « il a craqué son slip ».

L'expression : « C'est dans notre ADN », n'est plus du tout appliquée dans un contexte médical, mais à tire-larigot par politiques et entrepreneurs.

« C'est une tuerie » se réfère davantage de nos jours à un succulent plat cuisiné, plutôt qu'à un massacre sanguinaire.

« Péter un câble ou les plombs » n'a plus rien à voir avec une malencontreuse manipulation électrique.

L'adjectif « juste » est devenu un tic de langage, mais plus du tout employé à sa « juste » signification. Mes enfants m'ont fait remarquer, en regardant la télévision française, que c'est même le mot le plus souvent prononcé par les chanteurs, comédiens, présentateurs, chroniqueurs qui s'affichent sur le petit écran.
On dit que la vérité sort de la bouche des enfants...

C'est juste incroyable, tout ça !

La langue française s'est enrichie non seulement grâce à sa diversité culturelle, mais aussi avec l'évolution de sa société.

On sait tous maintenant qu'un bobo, contraction de bourgeois-bohème, est un individu de classe aisée, mais qui vote à gauche par principe.

Le quincado a entre 45 et 60 ans, et il se prend sans cesse pour un adolescent.

L'expression chic-ouf est délibérément associée au vocabulaire des grands-parents : « Chic les petits-enfants débarquent, ouf ils s'en vont ».

On utilise le raccourci phonétique askip pour éviter de prononcer les mots : à ce qu'il paraît.

Et l'ubérisation rend ringards les anciens modèles économiques.

Dans cette tendance néologique, les initiales ne sont pas en reste.

On parle désormais d'un BG au lieu de dire : beau gosse, de VTC comme un substitut du taxi ou de SUV pour définir une voiture à mi-chemin entre le 4x4 et la berline.

L'usage des textos, WhatsApp et autres messageries de ce type sur les portables, a introduit une nouvelle forme de langage, pour le moins raccourci, bien souvent de racines anglophones et composé d'acronymes.

Ainsi, on écrira OMG pour signifier *Oh My God*, la très familière WTF pour *What the fuck ?* autrement dit : « c'est quoi, ce bordel ? » ou encore YOLO : *You only live once*, assimilable à la locution latine *Carpe diem*.

On écrira aussi MDR pour signifier qu'on est mort de rire ou LOL : *Laughing Out Loud*, pour une signification semblable.

Pour ce dernier, une blague circule sur la toile, relatant les déboires d'une femme ayant adressé ce texto à tout son agenda de contacts : « Le grand-père est mort LOL », pensant que cet acronyme signifiait *Lots Of Love*, jusqu'au moment où son fils lui fit remarquer qu'elle venait d'annoncer à tous quelque chose comme : « Le grand-père est mort, c'est super drôle ».

Attention donc à l'usage incorrect de cette façon moderne de communiquer… MDR !

Depuis quelques années, dans le sud de la France, on vous interpelle en vous appelant : « Oh, gros », même si vous pesez soixante kilogrammes tout mouillé. C'est extrêmement étrange comme interjection. Dans les années quatre-vingt-dix, c'était « Oh, blond » qui s'employait dans de pareilles circonstances, bien que vous soyez on ne peut plus brun, voire un peu chauve comme c'était mon cas.

Toujours dans le Midi de la France, l'expression « c'est de l'enculage de mouches en vol » surprend grandement par sa symbolique.

Que dire aussi de la distinguée formulation « il faut que je me sorte les doigts », employée pour signifier la prépondérante nécessité d'une réaction. Ou encore le « j'ai la tête dans le cul », qualifiant un très appréciable état de harassement.

« C'est tendu comme un string » témoigne tout aussi gracieusement du génie allégorique franchouillard.

La grande classe !

Quand je reviens en France, je remarque que l'expression « pas de soucis » est devenue, en peu d'années, l'une des préférées de mes compatriotes. De la boulangère à qui j'avais donné trop de monnaie au garagiste qui a réparé la roue de ma moto, j'ai reçu en retour à chaque fois un sympathique « pas de soucis ». Expression cela dit plutôt bienveillante, semblable à la formulation anglaise *no problem* ou au swahili *hakuna matata*.

« Ça coûte un bras » est également une expression très usitée de nos jours. Curieuse façon d'associer un membre de notre corps à un bien que l'on achète ou que l'on vend.
Nettement plus vulgairement, certains disent aussi « ça m'a coûté une couille ».
Une fois de plus, on reprend cette fâcheuse tendance à accorder une valeur marchande à une partie de son anatomie.

« Charmante » allégorie toutefois…

Nombre de mots et locutions françaises ont traversé les frontières. « Et voilà » est régulièrement employé par les anglophones pour achever leurs propos.
« Chic » ne fut pas seulement popularisé par une chanson. Les Anglais n'ont rien trouvé de meilleur que l'expression « déjà-vu », pour se référer à une situation… déjà vue !

Au pair, rendez-vous, vis-à-vis, brunette, se déclinent dans de nombreuses langues, mais aussi fraude, femme fatale, coup d'État et faux pas, ce qui est un peu moins glorieux !

C'est la vie, Grand Prix, boutique, chef-d'œuvre, prêt-à-porter, ont également une très honorable carrière internationale.

Mais nous rendons convenablement la pareille en usant de nombreux anglicismes : week-end, un slow, standby, brunch, les people, le smile, un scoop, speed, my life, girly, burn out, overbooké, overdose, cluster sont désormais des mots du Larousse ! Et attention, de nouveaux arrivent, tels que millennial, black bloc, pure player et malheureusement bullying, mot que l'on aurait aimé ne jamais avoir entendu.

Que dire de la fameuse expression « oh là là », interjection qui caractérise à elle seule tout le peuple gaulois ? C'est la locution « couteau suisse » que l'on peut employer dans n'importe quelle circonstance, que ce soit dans un triste contexte : « Oh là là, je suis désolé pour toi », comme pour une connotation joyeuse : « Oh là là, je suis profondément heureux ».
Ce sont fréquemment les premiers mots en français que les gens apprennent, ceux qu'ils retiennent le mieux, mais aussi les derniers qu'ils comprennent !
Effectivement, qui peut réellement expliquer ce que « oh là là » signifie ?

Il faut aussi reconnaître que le français est un langage tellement complexe. Mettez-vous à la place de ceux qui l'apprennent, quand on leur dit qu'un mot dans la langue de Verlaine peut s'écrire d'une façon identique, mais se prononcer différemment suivant le contexte de la phrase.

-Je suis content qu'ils content ces histoires.

-Elle est de l'Est.

-Cet individu est fier, peut-on s'y fier ?

-Les poules du couvent couvent.

-Mes fils ont cassé mes fils.

Sont quelques exemples, parmi tant d'autres, des paradoxes de la langue française. On s'en arracherait les cheveux.

Et c'est aussi l'une des langues qui compte le plus d'exceptions dans son orthographe. Quand je dis à mes amis étrangers que des concours de dictée sont organisés au niveau national, et que rares sont ceux réussissant à présenter une copie sans faute, ils n'en croient pas leurs oreilles. De nouveau, on parle d'exception !

J'ai partagé un appartement avec un Italien qui m'a un jour fait remarquer que la langue française était la plus « animale ». Et pourquoi cela, lui demandai-je ? Il se basait sur les « coucou », « quoi », « ou », « ouf » « aï » « oui » que je prononçais.

Avec du recul, il n'avait pas vraiment tort... sans compter que parmi les expressions préférées des Gaulois il y a : « C'est chouette », « Oh la vache », « Punaise » et « Nom d'un chien » !

Préservons notre belle langue, bien qu'elle soit si compliquée, car comme le dit le slogan d'une célèbre marque de cosmétique (hexagonale évidemment), *elle le vaut bien* et… puis voilà !

Les très françaises armoiries du Royaume-Uni.

La mode et l'art au service de l'exception culturelle française

La scène se passe à New York en 1917. Dans une prestigieuse galerie d'art, un homme expose une œuvre intitulée *Fontaine*.

Jusqu'ici tout va bien, sauf que la *Fontaine* en question a été préalablement achetée dans un magasin de plomberie et sanitaires, puisqu'il s'agit d'un simple urinoir en porcelaine renversé.

L'œuvre passe pour être la plus controversée de l'art du xxe siècle. Cet homme est français, il s'appelle Marcel Duchamp, et avec lui l'art contemporain est né.

Un siècle plus tard, les stars de la jet set s'arrachent les œuvres d'un autre Gaulois, Richard Orlinski, et notamment un King Kong en résine teinté, martelant son torse de ses poings.

Entre le bidet de Duchamp et le singe d'Orlinski, du temps s'est écoulé, mais la France demeure un pays où l'art et la culture ont leur importance, même si parfois, ils suscitent une certaine perplexité…

Tel un symbole qui peut être vu comme de l'arrogance, on emploie les termes d'« exception culturelle française ». Orgueil, car en jouant sur les mots, certains pourraient interpréter que la culture française est exceptionnelle ! Mais, comme il est de notoriété publique que les Hexagonaux ne sont nullement arrogants (...), on ne va point se méprendre.

Orgueilleuse ou pas, la France a été le premier pays au monde à s'être dotée d'un ministère de la Culture.
C'est l'écrivain, aventurier et journaliste André Malraux qui s'est vu confier cette lourde tâche en 1959. Et c'est lui qui a eu l'idée de mettre en place de vrais dispositifs, afin de soutenir la création artistique française.
Ces mesures s'articulaient sur la noble idée que l'œuvre culturelle ne constitue pas un bien marchand et, par conséquent, que son commerce devait être protégé par certaines règles, autres que celles de la loi du marché.

Une belle idéologie, mais qui peut néanmoins s'avérer chère pour le contribuable...

En France, le citoyen paye tous les ans une redevance pour financer les chaînes de télévision et de radio publiques. Mais au XXIe siècle, avec l'abondance d'offre audiovisuelle privée, a-t-on encore besoin de chaînes publiques ?
Le gouvernement a beau rétorquer que cette redevance permet d'assurer une information de qualité, impartiale et ne répondant pas aux logiques commerciales imposées par le marché de la publicité, du fait de leur statut public, ces radios et chaînes de télévision dépendent directement de chaque gouvernement au pouvoir, ce qui légitimement suscite une certaine interrogation sur leur impartialité...
Et ce n'est pas tout, puisqu'elles sont aussi partiellement financées par la publicité, contredisant ainsi l'argument de la logique commerciale.

Autre exemple, avec plus de deux cent cinquante films par an, la France demeure le premier pays européen producteur de septième art, ce qui contribue grandement au rayonnement culturel de la nation. Mais la majeure partie du budget des films français est d'origine publique. En conséquence, ce sont les impôts du contribuable qui financent les œuvres issues de l'Hexagone projetées dans les salles obscures.

Le cinéma français est sous perfusion de l'État, c'est son côté obscur !

Conjointement, il est crucial de conserver une certaine légitimité, quand on organise sur son sol la référence planétaire en matière de festivals de cinéma. Rappelons aussi que l'on doit l'invention du cinématographe, cette ingénieuse machine permettant de projeter en public des vues photographiques en mouvement, à une fratrie de Français, les frères Lumière. Et puis certains films hexagonaux s'exportent merveilleusement bien à l'international, des superproductions hollywoodiennes de Luc Besson aux longs métrages plus intimistes tels que *The Artist, La Môme* ou *Intouchables*.

C'est la *French touch* !

Les Gaulois aiment se plonger dans des salles obscures de cinéma, mais aussi voir des expositions et visiter des musées. Il faut reconnaître que l'offre est abondante, et qu'ils ne sont pas les seuls.

Plus de soixante millions de personnes explorent chaque année les nombreux musées que compte l'Hexagone. Le Louvre à lui tout seul, accueille annuellement dans ses murs davantage de touristes que l'Inde, le Maroc ou l'Argentine !

On y vient admirer *La Joconde*, la Vénus de Milo, mais aussi les fabuleux trésors de Mésopotamie, d'Égypte ou de la Grèce antique.

On peut au demeurant formuler la question : comment ces œuvres ont-elles atterri en France ?

Pourquoi, par exemple, la plus célèbre d'entre elles, *La Joconde*, n'est-elle pas exposée dans un musée italien ?

Eh bien, parce qu'elle venue en France par ses propres moyens !

Son moyen de transport principal étant son auteur, Léonard de Vinci, qui a accompli l'aller simple Italie-France en 1516. Le Florentin s'était trouvé un mécène et protecteur en la personne du roi François Ier, fasciné par son génie. Le souverain lui donna un château et le nomma « premier peintre, ingénieur et architecte du roi » avec une pension annuelle à la clé et jusqu'à sa mort, en terres gauloises également...

Voilà pourquoi *La Joconde* a ses papiers d'identité français.

On a presque reproduit une histoire similaire avec Van Gogh ! Le peintre néerlandais, qui selon la légende n'aurait jamais vendu une toile de son vivant, a écumé les campagnes d'Arles, de Saint-Rémy-de-Provence et d'Auvers-sur-Oise, dont les paysages ont inspiré la plupart de ses œuvres.

Plus récemment, Pablo Picasso, fuyant le conflit civil qui ravageait son pays, avait trouvé refuge dans la capitale de l'ancienne Gaule. Le magnifique Guernica a même été peint dans un grenier parisien. On raconte que pendant la guerre, l'ambassadeur du régime nazi lui aurait demandé, sur le ton de la colère, lors d'une visite à son atelier et devant la toile de Guernica : « C'est vous qui avez fait cela ? » et que Picasso lui aurait répondu : « Non… C'est vous ».

La Vénus de Milo, l'un des plus grands chefs-d'œuvre de l'époque hellénistique, a atterri en France après une histoire tout à fait rocambolesque. Un paysan de l'île de Milos (d'où son nom), creusant les fondations d'un mur autour de son champ, aurait découvert une grotte qui abritait la fameuse statue. Des marins français faisant halte dans l'île des Cyclades grecques, eurent vent de la découverte, puis en parlèrent à leurs supérieurs, et rapidement une offre d'achat fut transmise aux autorités locales. Mais entre-temps, le paysan avait vendu la représentation d'Aphrodite à un fonctionnaire grec qui l'embarqua sur un navire, juste au moment où les Français revenaient avec l'argent comptant, mais moins contents de voir que l'objet de leur désir se faisait la malle. Il s'ensuivit un affrontement extrêmement musclé, puis une rude négociation mercantile que les marins hexagonaux remportèrent.

L'histoire ne raconte pas si le buste est orphelin de ses bras depuis cette bataille, mais en tout cas, nous avons peut-être élucidé l'origine de l'expression : ça a coûté un bras… Ce fut précisément les deux bras pour la statue !

À la question : « Quel est le plus ancien monument de Paris ? », on serait tenté de répondre les arènes de Lutèce ou les thermes de Cluny qui datent tous deux de l'époque gallo-romaine, mais il y a un piège. C'est l'obélisque de la place de la Concorde qui jouit de ce titre, bien qu'il ne soit pas réellement parisien.

Du haut de ses trois mille deux cents ans d'histoire, il trône fièrement sur l'une des places les plus emblématiques de la capitale. Si loin du temple de Louxor, son berceau originel. Il est fruit d'un joli cadeau fait par l'Égypte à la France et aurait voyagé près de trois ans pour arriver à destination en 1830 à bord d'un navire baptisé Le Louxor évidemment, spécialement construit pour l'occasion.

Mais la France ne s'est pas contentée d'importer des œuvres étrangères, elle possède aussi son contingent d'artistes.

Les peintres gaulois ont marqué leur temps, particulièrement les impressionnistes. On retrouve, en outre, le génie anticonformiste qui caractérise tant les Français, dans ce mouvement annonciateur de rupture avec l'art académique.

Il fallait tout de même avoir eu cette idée : peindre une impression, aussi fugitive soit-elle, plutôt qu'une réalité. Peindre du « concret », « du vivant », mais librement recréé selon sa propre vision, sensibilité et interprétation.

C'est ce que firent avec brio les Monet, Renoir, Sisley, Pissarro, Cézanne, Degas, Manet parmi tant d'autres.

La peinture impressionniste demeure une époque des plus fascinantes de l'histoire de l'art moderne, et souvent la préférée du public.

Le sculpteur français Auguste Rodin fut dans la digne lignée de ses compatriotes rebelles, en rompant avec les standards de l'époque. On le considère même comme le père de la sculpture moderne. *Le Penseur* est l'une des œuvres les plus connues du monde de l'art, mais pas seulement : qui n'a pas, un jour dans sa vie, songé à la fameuse statue en imitant sa posture ?

Son œuvre intitulée *L'homme qui marche* est certes moins connue, mais elle est tout à fait inédite pour l'époque. Elle représente un homme en mouvement, mais sans tête ni bras. L'artiste, passionné d'Antiquité, voulait ainsi rendre hommage aux statues qui, tout comme la Vénus de Milo que nous évoquions, avaient parfois perdu quelques membres en chemin, mais dont la beauté restait indemne. Les détracteurs du sculpteur ne saisirent pas son intention. Certains allant jusqu'à déclarer que la production d'une telle œuvre « n'avait ni queue ni tête ». Je vous invite, chers lecteurs, à corroborer ces dires, en observant attentivement la photographie située à la fin de ce chapitre.

Toujours est-il que la statue inspira un très grand nombre d'artistes, car bien qu'amputée de ses membres, elle est magnifiquement élégante.

Et puisque nous sommes dans l'élégance, restons-y... Si j'affirme que la France est « le pays de l'élégance », on me traitera certainement d'arrogant Franchouillard et de chauvin. Or ce n'est pas moi qui le dis, mais de nombreux habitants de la planète. Et s'ils ne le disent pas, ils en consomment, de l'élégance gauloise !

Le fameux ministre de Louis XIV, Jean-Baptiste Colbert, a un jour déclaré : « *La mode est pour la France ce que les mines d'or du Pérou sont pour l'Espagne* ». Parler de mode au XVIIe siècle et la comparer au précieux métal en dit long sur son importance.

En ce temps-là, les fastes de la cour du Roi-Soleil à Versailles sont admirés et imités par l'Europe entière. Les dames de la haute société viennent à Paris pour faire leurs emplettes, les tailleurs hexagonaux ayant la réputation d'être éminemment talentueux, et leurs créations extrêmement recherchées.

Une femme, Rose Bertin, aura l'audace de fonder sa propre maison de couture au coin de la rue du Faubourg-Saint-Honoré. Audace rare, car elle le fit dans un univers essentiellement masculin. La reine Marie-Antoinette la prit sous son aile, et elle devint faiseuse de mode de la cour, jusqu'au titre officieux de « ministre des Modes ».

À la même époque, la première revue de mode, *Mercure galant,* voyait le jour sur les presses d'un imprimeur parisien.

La tendance ne cessa de s'amplifier. Sous le Premier Empire (c'est-à-dire juste après la Révolution française), Paris était déjà le temple de la mode avec plus de deux mille quatre cents tailleurs référencés !

Ainsi naquit cette flatteuse renommée pour la France, et Paris au fil des décennies n'a fait que conforter son titre de « capitale de la mode ».

Au sommet de l'échelle de l'élégance, on trouve la haute couture. Elle est de surcroît une appellation juridiquement protégée, émanant d'un décret de 1945 !

Pour être qualifié de « maison de haute couture », les critères d'adhésion sont drastiques : travail réalisé à la main dans les ateliers de la maison, deux défilés dans le calendrier de la haute couture annuellement, nombre de passages minimum par défilé (au moins vingt-cinq), utilisation d'une certaine surface de tissu, etc.

On comprend pourquoi il ne reste plus qu'une dizaine de ces prestigieuses maisons de couture parisiennes, et qu'elles sont presque toutes déficitaires.

Alors, à quoi bon s'entêter dans une activité prenante et coûteuse ? Parce que la haute couture sert avant tout de vitrine pour diffuser l'image d'une marque. Marque qui sera commercialisée ensuite en accessoires, parfums et prêt-à-porter, directement ou par le biais de licences, extrêmement profitables, le « gros du travail » étant fait.

Et c'est ainsi que les Christian Dior, Yves Saint Laurent, Pierre Cardin, André Courrèges, Christian Lacroix, Jean-Paul Gaultier, Thierry Mugler sont parmi les noms communs les plus connus de la planète et les plus portés, qu'il s'agisse de vêtements, sacs ou parfums.

Souvent des noms d'hommes, certes, mais s'il est une femme qui avait parfaitement compris avant les autres comment fonctionnait le système, c'est bien Gabrielle dite « Coco » Chanel.

La grande couturière est non seulement un symbole de l'élégance française, mais elle fut aussi la première à avoir lancé ses propres parfums.
À la façon des romantiques littéraires, les liaisons de l'artiste lui auraient souvent procuré des sources d'inspiration. Ainsi, il est surprenant d'observer que la forme de son célèbre parfum, le numéro 5, ressemble à celle d'une flasque de vodka, motivée par une liaison que Coco Chanel aurait eue avec un Russe, accessoirement cousin du dernier tsar !
L'artiste est considérée par beaucoup comme la créatrice de mode la plus influente de tous les temps.

À une époque où les dames ne portaient que des jupes ou des robes, elle rendit populaire le pantalon féminin.

Aujourd'hui, chaque femme ou presque possède une petite robe noire pendue dans son placard. C'est une invention de Coco Chanel, elle qui a un jour déclaré : « *Une femme ne doit pas être belle, elle doit seulement le croire* ».

Le top marin, ce pull-over blanc avec rayures si cher à Jean-Paul Gautier, est aussi né des ateliers de la créatrice, inspiré par les uniformes des marins après un voyage sur une côte de l'Hexagone.

Après cette description éloquente de l'élégance française et de ses ambassadeurs, je vais être un peu plus critique.

Il demeure un domaine artistique où la France reste un peu en retrait, c'est la musique contemporaine.

La belle époque d'Édith Piaf ou de Jacques Brel, qui je le rappelle n'était pas gaulois, étant révolue, la variété française reste… très française.

À titre d'exemple la chanson *Voyage, voyage* de la chanteuse Desireless reste l'un des disques hexagonaux s'étant le mieux exporté ces trente dernières années.

Le refrain est certes entraînant, la mélodie agréable, mais de là à rivaliser avec une Adele, ou un George Michael, nous sommes très loin du compte !

Les « mythiques » groupes gaulois comme Indochine ou Téléphone ont eu leur période de gloire, mais principalement dans les frontières de l'ancienne Gaule. La comparaison avec un quelconque groupe irlandais ou britannique de renommée n'est même pas envisageable.

On peut mettre cela sur le compte de la langue française, sans doute moins mélodieuse que l'anglais, mais c'est aussi une question de culture et de genre.

À l'heure où j'écris ces lignes, les chanteurs francophones au zénith de la popularité ne sont plus français, qu'ils soient hommes (Stromae) ou femmes (Céline Dion).

Le pianiste Richard Clayderman, de son vrai nom Philippe Pagès, demeure le musicien issu de l'Hexagone ayant obtenu le plus de succès à l'étranger, ces dernières décennies. Mais son style de « concertiste de variété » est profondément éloigné des standards de la musique pop. Et on entend si peu le son de sa voix...

Et comme par hasard, les autres célébrités françaises de la musique actuelle ne chantent pas non plus, puisqu'il s'agit d'un disc jockey, David Guetta, et d'un groupe de musique électronique, les Daft Punk. On retrouve singulièrement chez ces derniers l'originalité gauloise, puisque comme ils sont cachés sous des casques futuristes, le public ne connaît pas leur visage, ce qui contribue à leur mythe.

En résumé, à moins de naturaliser Céline Dion ou Stromae, ce qui va de nouveau nous rendre très populaires chez nos amis québécois et belges, il faudra encore attendre un peu pour jouir d'une nouvelle vedette gauloise chantant et faisant déchaîner les corps sur les pistes de danse du globe !

À défaut de posséder de grands artistes, la musique est fêtée au moins une fois par an dans tant de pays du monde, grâce à une idée qui a vu le jour sur le sol hexagonal.

C'est le ministre de la Culture Jack Lang, sous la présidence de François Mitterrand en 1982, qui eut cette brillante initiative : organiser un événement destiné à encourager les musiciens professionnels et amateurs à se produire dans les rues et espaces publics. Tout cela accompagné du slogan homophone : *Faites de la musique !*

Depuis, chaque 21 juin (date judicieusement choisie car correspondant souvent au solstice d'été), des concerts de musique en tout genre se déroulent aux quatre coins de l'Hexagone. Mais pas seulement, puisque le concept a été également adopté par plus de cent vingt pays, et la liste ne cesse de s'allonger annuellement.

En France, on n'a peut-être pas de groupe de rock célèbre, mais on a des idées !

L'homme qui marche de Rodin,
une statue qui laisse penseur.

Une cuisine omniprésente dans la société

Comme beaucoup de jeunes Gaulois chanceux, j'ai passé quelques étés outre-Manche, afin de perfectionner mon anglais. Une année, ma famille d'accueil était si religieuse qu'avant chaque repas, tous ses membres récitaient une prière debout autour de la table.

Le patriarche du foyer m'a un jour demandé si dans ma famille nous avions le même rituel, c'est-à-dire prier avant de manger. Je lui ai répondu que non, puisque nous étions français et que par conséquent nous avions confiance en notre cuisine.

L'histoire est amusante, mais pour être tout à fait honnête avec vous, elle n'est jamais arrivée. J'aurais pourtant bien aimé avoir fait preuve d'une telle répartie, lors d'une situation de ce genre.

Ce petit mensonge a toutefois permis d'introduire ce chapitre sur la renommée de la gastronomie gauloise, en vous la servant sur un plateau !

Si l'on demandait à des étrangers ce qu'ils préfèrent en France, c'est sans doute « sa cuisine » qui viendrait en premier lieu. La gastronomie française est si prestigieuse qu'elle jouit même du privilège d'être inscrite au patrimoine culturel immatériel de l'humanité de l'Unesco.

Une reconnaissance qui se déguste : à table !

La gastronomie est indéniablement associée à un certain art de vivre à la française. Selon une récente étude réalisée par l'OCDE, les Gaulois passent en moyenne plus de deux heures par jour à manger ! Aucun pays n'arrive à faire mieux. C'est notamment plus du double du temps que passent les Américains, inventeurs du « fast-food » à juste titre.

Autre statistique tout aussi éloquente, les sujets de discussion préférés tournent autour de la gastronomie pour 91 % des Français. Loin devant la musique, le cinéma ou le football. Seul le vin lui fait quelque peu concurrence.

Au sein de l'Hexagone, nous avons la culture de la table, c'est absolument indéniable.

Trop manger est un péché, c'est en tout cas ce que beaucoup de gourmands disent ! On peut d'abord se demander où et quand se situe l'origine du « vice », la gourmandise demeurant l'un des sept péchés capitaux, faut-il le rappeler.

Toute personne ayant lu la bande dessinée *Astérix le Gaulois* a certainement toujours en tête les pantagruéliques banquets qui avaient coutume de clore chaque album. Justement, la cuisine française pioche principalement sa source dans la culture alimentaire romaine.

À cette époque, cela va de soi, nous sommes encore loin des pizzas et des macaronis, mais l'influence des

Transalpins est fondamentale, grâce à leur cuisine simple et raffinée, très avant-gardiste pour son temps.

Les Français ont réellement commencé à être réputés pour leur gastronomie pendant le Moyen Âge. Guillaume Tirel, dit *Taillevent*, chef des cuisines de Charles V, y est pour beaucoup. Il révolutionna la cuisine en intégrant légumes, ingrédients et épices rapportées du Nouveau Monde par les explorateurs. On lui doit le *Viandier*, premier livre de recettes recensé, qui connut déjà un franc succès en ce temps-là.

Ce n'est pas au temps des Romains, mais à la fin du Moyen Âge, que de gigantesques banquets, tels que ceux qu'affectionne tant Obélix, sont apparus. Selon les écrits, la nourriture était non seulement fortement décorée, mais également copieusement assaisonnée, grâce à l'utilisation systématique d'épices. Ces derniers occasionnant souvent des dommages collatéraux pour les estomacs...

Le point d'inflexion qui a fait passer la gastronomie française dans une autre dimension se situe sous le règne de Louis XIV.

Au cœur de la cour du Roi-Soleil, les chefs ont rivalisé d'efforts et d'ingéniosité pour le plaisir du monarque et de son entourage. À l'un d'entre eux sera à jamais liée la reconnaissance de sa cuisine. Il s'agit du pâtissier, traiteur, intendant et maître d'hôtel François Vatel. Perfectionniste dans l'âme, l'homme est passé à la postérité pour s'être suicidé lors d'une réception pour le roi, craignant de ne pouvoir satisfaire les quelque trois mille convives, à cause d'une livraison tardive de la pêche du jour !

On a coutume de dire que ce sont les rois qui ont fait la France (sauf si l'on est un républicain chevronné). En tout cas, ils sont pour beaucoup dans l'avènement de sa gastronomie, au moins de façon indirecte.

Quelques siècles plus tard, le chef globe-trotter Auguste Escoffier (1846-1935) permit à la cuisine gauloise de rayonner à travers le monde, s'expatriant successivement en Angleterre, en Suisse et aux États-Unis par ailleurs. Son *Guide culinaire*, contenant plus de cinq cents recettes, est la base de la cuisine moderne, et il perdure comme principal livre de chevet de nombreux chefs de notre temps. Escoffier est également le père du concept des brigades, organisant et rationalisant les tâches des commis.

La gastronomie française a su se réinventer, avec ce que l'on a dénommé « la nouvelle cuisine ».
Ce courant est né dans les années soixante-dix, sous l'impulsion des critiques gastronomiques Henri Gault et Christian Millau, fondateurs du guide éponyme.
L'objectif de cet innovant concept était de retrouver les fondamentaux de la cuisine : simplicité, respect du produit et retour à sa saveur.
Pour ce faire, les chefs s'attelèrent à un changement drastique dans leur façon de cuisiner, allégeant leur menu, supprimant les sauces, réduisant la cuisson et privilégiant la créativité.
Pour l'anecdote, l'expression *nouvelle cuisine* s'inspire de la *nouvelle vague* des cinéastes hexagonaux des années

soixante et du *nouveau roman*, mouvement littéraire très en vogue à pareille époque.

Cela dit, dans notre société chaque fois plus solidaire et responsable, certaines aberrations de la *nouvelle cuisine* (qui n'est plus si nouvelle de surcroît), spécifiquement ses portions minimalistes, mais parfois facturées à un prix d'or, sont en droit de choquer...

Et nous sommes allés encore plus loin.

En 1988, grâce aux travaux scientifiques du Français Hervé This et de son homologue anglo-hongrois Nicholas Kurti, la gastronomie moléculaire a vu le jour.

Elle a pour objectif la recherche des phénomènes physico-chimiques survenant lors des transformations culinaires. En d'autres termes, on va observer ce qui se passe au niveau moléculaire dans un bouillon de viande, ou étudier l'évolution de la couleur des végétaux verts au cours de leur cuisson.

Il s'agit d'une discipline pratiquée par des scientifiques, mais qui a donné naissance à la cuisine moléculaire qui, elle, est bel et bien exécutée par des cuisiniers.

Pour ce faire, les chefs ont recours à des ustensiles similaires à ceux des médecins (seringues, capsules, tubes), à des ingrédients que l'on trouve davantage en laboratoire qu'en cuisine (poudres, gélifiants, épaississants, émulsifiants) et à des techniques plus propres aux ouvrages scientifiques qu'aux livres de recettes (cuisson moléculaire, déshydratation...).

La phase de « l'étude de l'aliment » propre à la nouvelle cuisine, si novatrice pour l'époque, a largement été dépassée. Et les chefs d'aujourd'hui sont devenus de véritables savants alchimistes moléculaires !

Nous nous sommes tant éloignés des banquets gaulois et moyenâgeux...

Après cette parenthèse historique et scientifique, si nous évoquions à présent l'essentiel : les plats typiques de la cuisine française.

Ils sont si nombreux qu'il faudrait un autre livre pour les passer en revue. Citons-en cependant vingt parmi les plus répétés : la tartiflette, le gratin dauphinois, le coq au vin, le bœuf bourguignon, le pot au feu, la quiche lorraine, la crêpe, le steak tartare, le cassoulet, le hachis parmentier, la blanquette de veau, l'andouillette, le poulet rôti, la ratatouille, la pissaladière, les cuisses de grenouille, la bouillabaisse, les escargots de Bourgogne, la daube, la choucroute.

Les régions de l'Hexagone sont en outre dignement représentées à travers ces plats : de la Lorraine avec sa quiche jusqu'au Sud-Ouest et son cassoulet, en passant par la crêpe bretonne, le bœuf bourguignon et la tartiflette savoyarde.

Et les Franchouillards, depuis toujours, n'hésitent pas à parcourir des kilomètres pour satisfaire les desiderata de leur palais, allant déguster les spécialités de chaque recoin de l'Hexagone.

Ce sont les inventeurs du tourisme gastronomique.

Une célèbre fabrique de pneumatiques ne s'y est d'ailleurs pas trompée, si vous voyez où je veux en venir...

Effectivement, aujourd'hui, il est impensable d'évoquer la gastronomie sans se référer à sa bible, le *Guide Michelin*.

Tous les ans, il décerne des étoiles pour récompenser les meilleures enseignes, et c'est la référence absolue du genre.

L'ouvrage a été créé par les frères Michelin, co-fondateurs de l'entreprise qui porte leur nom, pour l'exposition universelle de 1900. C'était alors un guide publicitaire offert pour l'achat de pneumatiques !

Ce n'est que trente années plus tard que le classement en une, deux et trois étoiles fit son apparition dans le livre, pour récompenser les restaurants « de la route du soleil » : l'axe Paris-Lyon-Marseille sur les nationales 6 et 7.

Le but étant, cela va de soi, de faire « consommer du pneu » pour aller découvrir ces bonnes tables.

Rappelons que les étoiles du guide distinguent les établissements tous styles confondus, proposant la meilleure qualité de cuisine. Les critères étant (dixit le guide) : le choix des produits, la créativité, la maîtrise des cuissons et des saveurs, le rapport qualité/prix ainsi que la régularité.

Deux précisions intéressantes au sujet du *Michelin*. Le terme « macaron » (à ne pas confondre avec macron !), fréquemment employé à la place de celui d'étoile, viendrait d'un journaliste qui aurait utilisé à tort ce mot dans un article pour éviter des répétitions. Mais seul le vocable étoile est officiellement reconnu par l'ouvrage.

Le *Guide Michelin* est communément surnommé *Guide rouge*, en référence à la couleur de sa couverture. Ses créateurs ont opté pour le rouge afin de le différencier du vert, couleur d'un autre guide touristique, édité par la même entreprise.

Cela fait des années que l'on entend le refrain : la France ne détient plus le monopole des meilleurs établissements culinaires. Tant de restaurants, de Shanghai à Berlin en passant par Barcelone et Londres, se disputent chaque année le titre honorifique de « meilleure table du monde ». De moins en moins souvent, l'Hexagone réussit à placer l'une de ses tables. Mais les Français peuvent encore se targuer de garder une certaine main, en restant les juges suprêmes... par le biais de leur bible gastronomique !

L'éternel concurrent de Michelin, l'Italien Pirelli, s'est lui aussi fait connaître pour une activité totalement aux antipodes de la fabrication de ses pneumatiques. Tous les ans, il publie un calendrier mettant en scène de jeunes femmes si peu vêtues...

Étrange manie qu'ont ces industries d'être populaires grâce à des publications tant éloignées de leur corps de métier !

Un bon repas se finit par une petite douceur, le dessert. Et avant celle-ci, il y a un autre aliment dont les Hexagonaux sont champions du monde toute catégorie : le fromage.

Il aurait même été le premier aliment façonné par la main de l'homme.

Selon la légende, nos ancêtres auraient produit le premier fromage d'une façon tout à fait fortuite. À une époque très lointaine, le lait était transporté dans des outres fabriquées avec des estomacs de mammifères. En contact avec la présure (une enzyme naturellement présente dans l'estomac des ruminants), le lait aurait produit du caillé et du petit-lait. Ce fut l'acte de naissance du fromage.

Les terres gauloises produisent plus de mille fromages différents. Entre les AOC, les AOP, les durs, les mous, les persillés, difficile de s'y retrouver, si l'on n'est pas érudit.

Je vais néanmoins essayer de fournir une description des plus simplifiées.

Traditionnellement, les fromages français sont divisés en huit familles. Ils sont fabriqués à partir de l'une des trois sources de lait animal : le lait de vache, de chèvre ou de brebis.

Si huit catégories s'avèrent trop difficiles à manipuler, le fromage gaulois peut tout aussi bien être classé en trois groupes dominants : les durs, les mous et les bleus, ce qui nous parlera davantage, spécialement à nos palais...

Une quarantaine de fromages sont AOC (Appellation d'origine contrôlée), une trentaine ont l'AOP (Appellation d'origine protégée) et une cinquantaine détiennent le privilège de posséder les deux appellations. Rappelons que l'AOC est un système français conçu pour garantir l'adhésion à des méthodes de production strictes, spécifiques à des terroirs particuliers. Et l'AOP est le pendant de l'AOC, mais délivré par l'Union européenne.

Pour le fromage, on parle aussi de terroir afin de se référer au secteur géographique sur lequel il est produit, et en France il existe plus de vingt régions fromagères. Excusez du peu.

C'est ainsi que l'on retrouve dans nos assiettes les brousse, brie, camembert, munster, livarot, cantal, laguiole, gruyère, comté, reblochon, tome, rocamadour, crottin de Chavignol, roquefort, Bleu de Bresse et le Boursin entre autres.

Curiosité intéressante, en France la fabrication de fromage se produisait fréquemment dans des monastères, un peu à la façon des moines brasseurs de bière en Belgique. Ce n'est donc pas un hasard si la plupart des grands fromages français sont issus de vieilles recettes monastiques tels que le pont-l'évêque, le munster, le maroilles ou encore la tête de moine.

La Hollande est une redoutable concurrente de la France pour son fromage, principalement grâce à son gouda et son édam. Cette rivalité a inspiré des publicitaires, évoquant « l'autre pays du fromage » pour désigner les Pays-Bas, mais avant tout pour ne vexer personne dans l'Hexagone !

Charles de Gaulle a un jour déclaré cette phrase devenue mythique : « *Comment voulez-vous gouverner un pays où il existe deux cent cinquante-huit variétés de fromages ?* »

Aujourd'hui, il en existe davantage et gouverner la France n'est pas mince affaire, demandez à l'actuel président ainsi qu'à ses prédécesseurs...

Et le fromage se mange avec quoi ?

Avec du bon pain, évidemment ! Et voilà une autre spécialité gauloise, qui est pareillement devenue un stéréotype physique : les Français et leur baguette de pain sous le bras.

Un président a même entrepris des démarches, afin que la baguette française soit inscrite au patrimoine mondial de l'humanité.

Magnifique distinction en perspective, pour ce bout de pain d'à peine quatre-vingts centimètres, réputé pour son croquant et sa mie moelleuse.

Annuellement, la France produit la bagatelle de six milliards de baguettes, le stéréotype est donc très peu usurpé...

La gastronomie a inspiré nombre d'écrivains de l'ancienne Gaule, et ceci a assurément contribué à sa réputation planétaire. On va jusqu'à mentionner le terme de « littérature gourmande » !

Brillat-Savarin (1755-1826), dans son ouvrage *Physiologie du goût*, a été le premier à souligner les liens entre gastronomie, physique, chimie et économie politique.

Alexandre Dumas était, paraît-il, un excellent cuisinier amateur. Il consacra ainsi la fin de sa vie à l'écriture du *Grand dictionnaire de cuisine*, ouvrage contenant plus de trois mille recettes.

Et comment ne pas évoquer les romans satiriques de François Rabelais, avec comme protagonistes les géants gourmands Gargantua et Pantagruel, pères des expressions : c'est pantagruélique et gargantuesque.

L'industrie cinématographique française n'est pas restée en marge du phénomène. *La Grande Bouffe*, *L'Aile ou la Cuisse*, *Le Grand Restaurant* et plus récemment *Vatel*, contant l'histoire du chef au tragique destin, campé par un Gérard Depardieu au zénith de son art, en sont quelques autres exemples.

La cuisine a suivi avec énergie et force les divers mouvements de médiatisation. Sur les chaînes de télévision de l'Hexagone, les émissions culinaires ne cessent de se multiplier, avec succès : *MasterChef*, *Top Chef*, *Cauchemar en cuisine*, *Le Meilleur Pâtissier*, *Un dîner presque parfait*, etc. Et sur les réseaux sociaux, photographier et partager ce qu'on a dans son assiette est l'une des actions les plus pratiquées.
Mais pour ces deux derniers cas, la cuisine française ne fait pas figure d'exception, puisque le phénomène se produit à l'échelle mondiale.

Curieusement, la gastronomie est également délicieusement présente dans les insultes de la langue de Molière.
Une quiche est non seulement un plat salé garni de lardons fumés, mais elle désigne également en argot une personne un peu gauche et maladroite.
Une tarte ne s'emploie pas uniquement pour un mets culinaire, mais aussi pour se référer à une personne n'ayant pas agi avec « grande intelligence ».

Un flan est avant tout une pâtisserie, mais l'adjectif peut aussi être employé à l'encontre d'un individu que l'on juge peu dynamique.

François Hollande a souvent été affublé du sobriquet Flanby par ses détracteurs, du fait de son caractère supposé mou et indécis. Mais l'ancien président, également connu et apprécié pour son sens de l'humour, a un jour déclaré : « *Ils veulent me blesser, mais c'est une très bonne proposition : je ne connais personne qui n'aime pas le Flanby !* »

Les fruits et légumes sont tout aussi dignement servis dans ce registre.

On parlera d'une bonne poire pour quelqu'un qui se laisse aisément duper.

« C'est vraiment une truffe, ce type » s'applique pour un individu jugé crédule et sot, de même qu'une courge ou encore une andouille.

Par contre, « avoir la banane » est une allégorie qui fait référence à la forme du fruit et celle de notre bouche lorsque l'on est heureux et souriant.

L'expression « avoir la patate » a un sens identique et son origine tient à la forme d'une tête. Quand nous avons « la patate », nous avons une bonne tête, du moins c'est ce que l'on dit...

La locution a également évolué au fil du temps pour devenir « avoir la frite ». Par contre, pour cette dernière expression, il n'est plus question de référence à la forme de la tête. Si c'était le cas, on pourrait quelque peu s'inquiéter...

Dans la tournure « j'en ai gros sur la patate », le mot patate signifie « cœur », par conséquent, avoir un gros poids sur le cœur qui rend triste et malheureux.

Le mot patate est décidément employé à toutes les sauces, puisque l'on dit aussi « se refiler la patate chaude » pour se débarrasser de quelqu'un ou de quelque chose de gênant.

Continuant sur le fil rouge des légumes au menu de la langue française, on dit aussi « c'est un navet » pour qualifier un film médiocre. Si on n'a pas d'argent, l'expression « je n'ai pas un radis » est souvent employée. Pour décrire le physique d'une personne de grande taille dotée d'une mince corpulence, certains utilisent le terme d'asperge.

On retrouve également le poids de la gastronomie dans d'innombrables locutions gauloises : mettre les petits plats dans les grands, avoir un cœur d'artichaut, mettre du beurre dans les épinards, avoir du pain sur la planche, couper la poire en deux, tomber dans les pommes, raconter des salades, tourner au vinaigre, faire le poireau, mettre les pieds dans le plat, être dans les choux ou encore on ne va pas en faire un fromage.

Le français est une langue qui se déguste !

Et la gastronomie est si présente dans la société hexagonale que cela tourne à l'obsession...

On reconnaît également la considérable influence de la cuisine hexagonale avec les si nombreuses expressions d'origine française employées dans les langues étrangères : chef, croissant, baguette, champagne, vinaigrette, à la carte, amuse-bouche, apéritif, brioche, crème brûlée, entremets, mousse, digestif, bon vivant et bien sûr bon appétit !

Pour achever ce chapitre qui donne l'eau à la bouche, deux anecdotes mettant en scène ma belle-famille, et illustrant des situations embarrassantes générées par l'utilisation de la langue de Victor Hugo...

Mon regretté beau-père s'était fait un ami pendant ses études parisiennes, un dénommé Carlos, d'origine argentine. Carlos venait d'une famille aux revenus aisés et pour célébrer la fin de leurs études, l'Argentin convia son ami hispanophone dans un restaurant étoilé de la capitale française, *La Tour d'Argent*, pour ne pas le nommer.
Quand le maître d'hôtel s'approcha des deux jeunes convives afin de leur demander s'ils avaient apprécié le repas, la réponse de Carlos fut sans appel :

— C'était pas dégueulasse.

Une réponse pour le moins curieuse, après avoir dégusté un repas accessible à si peu de bourses.

Une réponse insolente, qui plus est prononcée par un jeune homme d'à peine 20 ans.

Oui mais voilà, le convive en question n'était pas français, et cela a son importance.
Dans la bouche d'un compatriote, une telle remarque est tout à fait incorrecte, qu'il s'agisse d'un restaurant étoilé comme d'une quelconque autre table.
On mettra ainsi l'impertinence de la phrase sur le compte d'une utilisation erronée de la langue de Voltaire.

Oui mais quand même, qu'est-ce qui a pris au dénommé Carlos d'employer le mot « dégueulasse » ?

Selon mon beau-père, l'expression faciale du maître d'hôtel après la réponse de son ami valut à elle seule le délicieux repas.

Et la réplique est passée à la postérité dans notre famille, traversant les générations... et certainement également dans celle du maître d'hôtel !

Mon beau-frère Iñaki, bien qu'il soit espagnol, domine parfaitement le français. Il est toutefois difficile de s'exprimer dans une langue étrangère sans accent « étranger », et Iñaki ne déroge pas à la règle.

Alors que nous étions attablés dans un restaurant de la côte basque, le serveur et moi-même perçûmes de sa voix la phrase suivante :

— Comme plat de résistance, je vais prendre un magret de connard.

Stupéfaction la plus totale avec ce dernier mot prononcé.

— Un magret de... quoi ? questionna le serveur.
— De connard, insista mon beau-frère.

Ou du moins, c'est ce que nous entendîmes de nouveau, avec son joli accent espagnol.

Le garçon repartit avec sa commande un immense sourire aux lèvres. Je suis persuadé qu'il s'empressa de raconter cette délicieuse anecdote à son entourage, en riant copieusement de la situation.

Quant à nous, inutile de vous dire qu'avec une telle mise en bouche, ce repas familial fut extrêmement joyeux.

Je pris cependant le temps d'expliquer à mon beau-frère quelques subtilités de la langue française, et la confusion dans l'esprit du serveur qu'avaient pu générer les mots prononcés avec son si charmant accent ibérique.

Et tout cela, grâce à un délicieux magret de connard !

Le plat en question joliment assorti de figues

United colors of France, un pays haut en couleur

Attablé au comptoir d'un bar au fin fond de l'Italie, suivant un passionnant match de Coupe du monde entre la France et les Pays-Bas, mon voisin de droite, qui soit ne connaissait pas grand-chose au football, soit était un peu éméché par le double Martini qu'il venait d'ingurgiter, me demanda quelle équipe africaine jouait contre les Bataves.

À chaque événement sportif, c'est un refrain similaire. La France, avec son important contingent de joueurs « issus des minorités » et bien souvent d'origine africaine ou antillaise, est continuellement raillée.

Quand j'affirme que je suis né à Marseille, la réplique « mais il y a quand même beaucoup d'Arabes à Marseille » fuse avec plus ou moins de rapidité, selon l'origine et le degré de proximité de mon interlocuteur.

Mais c'est ça, la France d'aujourd'hui !

Un pays multiracial, multireligieux, multiculturel, multicolore, et nous devrions en être fiers !

Quoique tout ne soit pas si simple…

Le portrait-robot du Français typique à l'aube du troisième millénaire est sans aucun doute davantage foncé de peau, a le cheveu plus brun et les yeux moins clairs que celui d'il y a un siècle. N'en déplaise à certains, une véritable « basanisation » s'est opérée.

Le Sud coule dans les veines de beaucoup de Français, c'est un fait que l'on ne peut nier.

Chercher l'origine de ce melting-pot demeure relativement basique et limpide. Il suffit de remonter au temps des colonies. La France et le Royaume-Uni ont érigé les deux plus vastes empires coloniaux de notre globe. Du Pacifique à l'Antarctique, en passant par l'Amérique et évidemment l'Afrique, les colons issus de l'Hexagone ont laissé une empreinte indélébile sur les terres où ils se sont établis.

Culture, langue, religion et éducation furent inculquées avec autant de dévotion à Orléans, Dakar ou à Pondichéry.

L'image de l'écolier africain apprenant en cours d'histoire « *nos ancêtres les Gaulois* » ne peut que faire sourire. Mais ce type de situation s'est réellement produit, faute d'avoir adapté les manuels scolaires, en fonction du lieu où ils étaient diffusés.

Néanmoins, à l'inverse des autres puissances coloniales telles que l'ont été le Portugal, l'Espagne, et le Royaume-Uni, la France a conservé de nos jours un très grand nombre de territoires d'outre-mer.

Le drapeau tricolore flotte non seulement en Europe, mais aussi au beau milieu du Pacifique, dans l'océan Indien, aux Caraïbes, en Amérique et au pôle Sud.

Aucune nation au monde ne rivalise avec la France sur l'étendue et la diversité de ses territoires.

Et les peuples ont migré, se sont mélangés, ils se sont brassés... et nous en sommes là aujourd'hui.

Au moment de la décolonisation, certains ont même choisi la France comme lieu de résidence plutôt que leur pays de naissance. Fréquemment aussi, parce qu'il ne pouvait en être autrement...

Les harkis, ces soldats ayant combattu pour l'armée française contre leurs frères algériens, en sont des exemples touchants. Le mot harki est par ailleurs un dérivé de l'arabe « harka », qui signifie mouvement.

Et quel mouvement, quel choix cornélien !

De l'autre côté de la Méditerranée, harki est quant à lui devenu synonyme de traître ou de collaborateur.

Un autre cas d'obédience à la puissance coloniale est celui des tirailleurs sénégalais. Ces soldats africains, enrôlés par l'armée française, ont non seulement combattu pendant les deux guerres mondiales, mais aussi lors de conflits qui ont opposé la France à ses propres colonies, en Indochine, en Algérie ou encore à Madagascar.

Quelle allégeance ! Mais en avaient-ils le choix ? C'est un autre débat...

Après ces actes de bravoure, comment ne pas accueillir dans les frontières de la France, ceux qui ont mis leur vie en péril pour elle ?

Aujourd'hui, l'Hexagone a conservé de puissants liens avec ses anciennes colonies, particulièrement en Afrique, proximité de langue et de culture oblige (naturellement, puisque l'on a les mêmes ancêtres gaulois...). À tel point que l'on emploie à cet égard l'expression Françafrique.

Ce néologisme péjoratif est né de la supposée ingérence des autorités gauloises dans les affaires intérieures de ses anciens territoires.

Il convient de souligner que l'ex-puissance coloniale y est parfois omniprésente...

Militairement grâce à ses bases permanentes en Côte d'Ivoire, à Djibouti, au Sénégal, au Gabon, au Tchad, etc. Économiquement, elle reste, pour un conséquent nombre de pays africains, le partenaire privilégié. Et politiquement, sans s'immiscer directement comme ce fut le cas par le passé au gré d'interventions « musclées », le supposé *grand frère protecteur* veille néanmoins au grain.

Une *petite* anecdote pour sourire une fois de plus.

Onze états africains francophones s'étaient unis pour fonder une compagnie aérienne, qui ne pouvait s'appeler autrement qu'*Air Afrique*. *Air France* était du reste l'un des actionnaires principaux de la défunte compagnie. Défunte, car une série de facteurs négatifs et les fluctuations à la hausse du kérosène ont définitivement cloué au sol les aéronefs de cet attrayant projet de coopération continentale.

Un ami qui travaillait pour *Air Afrique* m'a raconté un rituel peu commun, ayant lieu à chaque traditionnel repas de Noël, au siège parisien de la compagnie.

Au moment de la distribution des chocolats, les travailleurs blancs étaient tenus de ne prendre que des chocolats noirs, et les employés noirs uniquement des chocolats blancs.

Et gare à celui qui se trompait ! Il devenait aussitôt et pour le reste de la soirée la risée de toute l'assistance.

Un fort joli symbole humoristique, ni sans saveur ni incolore !

La France est un pays *black-blanc-beur,* comme on a coutume de dire, mais pas seulement.

Le pays a aussi attiré de nombreux Espagnols fuyant les années noires du franquisme. Maints Hexagonaux se vantent fièrement de leurs origines italiennes. Que dire des Portugais, formant la première communauté étrangère de France, si l'on exclut les pays du Maghreb ? Ainsi, les Da Silva, Lopez et Esposito côtoient naturellement les Dupont et Durand dans notre bottin.

Il suffit également d'examiner une carte pour comprendre pourquoi la France demeure une terre de passage, et aussi d'asile. Au nord, au sud et à l'est, l'Hexagone partage ses frontières, et n'est devancé que par les immenses territoires russes et chinois, au rang des nations possédant le plus de voisins.

Pas moins de onze pays ont des frontières communes avec l'ancienne Gaule et ses possessions ultramarines.

Nos chers voisins n'est pas que le titre d'une série à succès, c'est une réalité française !

La France accueille également une immense communauté de personnes partageant la confession juive. C'est par ailleurs, après les États-Unis et bien évidemment Israël, la nation comptant le plus de juifs sur son sol.

C'est aussi le pays ayant dans ses rangs le premier contingent de musulmans d'Europe.

Et tout ce beau monde doit cohabiter, coexister et coopérer... Ce qui n'est pas si simple.

De nos jours une très forte proportion de population immigrée ou d'origine immigrée habite dans les banlieues des grandes villes hexagonales, où insécurité, chômage et trafic de drogue sont les principaux maux. Il suffit de peu pour qu'un quartier entier s'embrase, ce qui est malheureusement trop souvent arrivé par le passé. Vaulx-en-Velin en 1990, Nanterre en 1995, Clichy-sous-Bois en 2005, Aulnay-sous-Bois en 2017 sont de malheureux exemples de villes ayant souffert de violentes confrontations entre leurs jeunes ressortissants et les forces de police.

On peut pointer du doigt la conception architecturale de ces cités, construites pour la plupart après la Seconde Guerre mondiale. Elles sont isolées des centres-villes, sous-équipées en installations culturelles et sportives, et manquent cruellement de vie collective. Les commerces les fuient après les premiers actes de vandalisme. Les jeunes et la police dans ces cités sont en situation de conflit permanent. Et l'opinion publique les stigmatise...

Les banlieues françaises seraient-elles devenues les ghettos des temps modernes ?

Nous espérons tous que cette question ne se posera jamais. Car dans ce paysage un peu sombre, il y a toutefois de belles histoires qui donnent des raisons d'espérer.

De nombreuses personnalités issues des banlieues de l'Hexagone sont de magnifiques exemples de réussite grâce à leurs talents artistiques, notamment dans le domaine de la musique et de la comédie. Les Maître Gims, Jamel Debbouze, Omar Sy ou bien Soprano en sont des cas probants, parmi tant d'autres.

On peut dresser un constat similaire pour les sportifs, le sport étant un merveilleux facteur d'intégration pour les jeunes issus des minorités, n'en déplaise à mon voisin de bar en Italie... Nous y reviendrons dans ces pages.

Le paysage audiovisuel et politique français est chaque fois plus représenté par les communautés. Pas encore suffisamment diront certains, mais quand on le compare à il y a deux décennies, la constatation est flagrante.

On peut aussi affirmer que la cohabitation entre juifs et musulmans, compte tenu de l'envergure de ces deux communautés dans l'Hexagone, et hormis certains cas isolés, se passe plutôt sans heurts.

Et comme dirait le moine bouddhiste Matthieu Ricard : « *De toute façon, il est trop tard pour être pessimiste* ».

On peut aussi se demander si la France est un pays « fracturé » socialement.

Bien que des « mixages » se soient opérés, en observant ce qui se passe dans mon pays, avec le recul de mes années de vie à l'étranger, je répondrai par l'affirmative à cette question.

Il existe même en France des groupes de personnes tout à fait atypiques, que l'on pourrait presque assimiler à des classes sociales. Ils sont si caractéristiques qu'ils ont peu d'équivalents dans d'autres pays du monde.

Les « cathos » en sont un parfait exemple.

Comme son abréviation l'indique, il s'agit d'un groupe de personnes ayant en commun la religion catholique, et avant tout, sa pratique assidue. Mais ce n'est pas leur unique point commun. Les cathos sont pour la plupart issus de familles nobles et bourgeoises de l'Hexagone. Et pour un grand nombre d'entre eux, issus de familles nombreuses.

Une histoire amusante à ce sujet. Un ami avait investi dans un spacieux véhicule (la Renault Espace pour ne pas la citer) pour transporter sa très nombreuse famille. Voiture que nous avions aussitôt rebaptisée *la cathomobile*, clin d'œil à la *papamobile* du Saint-Père de Rome et aux véhicules spacieux qu'affectionnent les familles nombreuses.

Pendant les soirées dansantes, les cathos sont aisément identifiables : ils savent remarquablement danser le rock 'n' roll !

Une connaissance anglaise m'avait spécifiquement interpellé un jour à ce sujet : « Mais pourquoi les Français savent-ils aussi bien danser le rock ? On l'enseigne dans les écoles ? »

Ma réponse fut qu'en France, on n'apprend pas à danser le rock 'n' roll à l'école, mais dans les rallyes.

Et comme pour cette personne (comme pour tant d'autres) le mot rallye était aussitôt associé à une course automobile, analysant ma réponse, la mimique de son visage fut à l'image de son immense étonnement intérieur.

— Rallye et rock 'n' roll, mais quel est le rapport ?

Un rallye est certes une course automobile, mais c'est aussi le nom que l'on donne à des soirées dansantes d'un certain genre.

À l'origine, ces soirées étaient organisées par des mères de famille soucieuses que leurs enfants se marient avec des personnes d'un milieu social, culturel et religieux, similaire au leur. Aujourd'hui, ce sont des associations, et jusqu'à des entreprises commerciales, qui ont pris le relais de leur organisation, bien que leur objectif reste identique : favoriser les rencontres entre individus ayant certaines valeurs communes.

Les églises de l'ancienne Gaule sont, à notre époque, entièrement investies par les cathos. Il n'y a pas si longtemps, on trouvait encore à la messe dominicale un brassage social parfaitement représentatif des familles gauloises, des plus démunies jusqu'aux plus aisées. C'est de moins en moins le cas...
Les cathos tiennent à bout de bras, et contre vents et marées, la flamme de la religion catholique et apostolique, dans un pays que l'on qualifie fréquemment de *fille aînée de l'Église*.

Le bourgeois-bohème (alias bobo) représente une autre catégorie sociale qui justifie une attention particulière.

Pour dresser le portrait du bobo, on pourrait dire que c'est une personne aux revenus plutôt aisés, ayant fait des études supérieures, et possédant de fortes convictions idéologiques et sociales.

Le chanteur Renaud (reconnaissant lui-même qu'il en faisait partie) leur a spécialement consacré une chanson, dont voici quelques extraits :

« Ils sont un peu artistes c'est déjà ça
Mais leur passion c'est leur boulot
Dans l'informatique, les médias
Ils sont fiers de payer beaucoup d'impôts...
Ils fument un joint de temps en temps,
Font leurs courses dans les marchés bio
Roulent en 4x4, mais le plus souvent,
Préfèrent se déplacer à vélo...
Ils aiment les restos japonais et le cinéma coréen
Passent leurs vacances au cap Ferret...
Ils aiment Jack Lang et Sarkozy
Mais votent toujours écolo ».

Quelle que soit la définition que l'on puisse lui donner, le bobo est assez représentatif du Français et de son état d'esprit. Un individu pris entre deux eaux : celle de son bien-être et de sa conscience, celle de son portefeuille et de sa morale. Mais sans jamais vraiment prendre une décision en faveur de l'une ou l'autre. C'est un hybride ! Les Français ont fait la Révolution, puis ils ont mis à leur tête un empereur tout aussi peu démocratique. En pleine euphorie capitalistique post Trente Glorieuses, ils ont élu un président de gauche. Quelques années plus tard, pendant la cohabitation, ils ont opté pour un Premier ministre aux idées politiques littéralement opposées à celles de leur président.

Les exemples dans l'ancienne Gaule de cette dualité de choix et de conscience sont légion, et le bobo, pour en revenir à lui, est merveilleusement caractéristique de cet état d'esprit.

Savez-vous que la France est la première puissance agricole européenne, et le deuxième pays exportateur mondial de produits agricoles, juste après les États-Unis ? Alors, peut-être êtes-vous en train de vous demander : mais quel est le rapport dans cet aparté dédié aux catégories sociales ?

Eh bien parce que la paysannerie, est considérée en France comme une classe sociale à part entière !

C'est, sans aucun doute, celle qui est la plus vénérée et respectée des Gaulois.

Ceux « qui travaillent la terre » bénéficient généralement d'un profond capital sympathie, qu'ils méritent amplement. D'autant plus qu'ils remplissent nos assiettes, par la même occasion !

Le Mérite agricole, distinction récompensant les services rendus à l'agriculture, figure d'ailleurs parmi les premiers ordres honorifiques d'un pays qui compte tout de même vingt millions de vaches dans ses pâturages et étables !

Et ce n'est pas aussi surprenant de voir en France des émissions comme *L'amour est dans le pré,* dont le concept est de faire trouver l'âme sœur à des agriculteurs célibataires, battre année après année des records d'audience.

Les politiques non plus ne s'y trompent pas, courtisant le paysan comme peu d'autres, non seulement dans le but de récolter de précieuses voix, mais aussi de profiter de son influence sur la société. Ainsi, rares sont les présidents français ayant manqué le traditionnel rendez-vous annuel du salon de l'agriculture.

Et malgré cela, le secteur est en crise. Le nombre de paysans en France ne cesse de s'éroder. Il y a cinquante ans, ils étaient encore trois millions ; aujourd'hui, on en recense à peine quatre cent mille. La surface agricole, qui s'étend tout de même sur la moitié du territoire, subit un destin similaire, cédant sans cesse plus de terrain au profit des zones urbanisées.

Dans un pays où la majeure partie de la population active travaille trente-cinq heures par semaine, et profite de nombreuses semaines de congés payés, les rudes conditions de vie du paysan ne font pas fantasmer les nouvelles générations.

Les jeunes rêvent de start-up, de réseaux sociaux et de vie citadine... Pas vraiment de moissonneuse-batteuse, de champs de maïs ou de tracteurs.

Votre humble narrateur est issu d'une famille d'agriculteurs. Ma mère est d'ailleurs décorée du « poireau », surnom familier que l'on donne au Mérite agricole. J'ai eu la chance de passer mon enfance à jouer entre des bottes de foin et à courir dans de belles prairies. Dans un hangar, nous avions un tracteur de la prestigieuse marque Porsche, à une époque où le constructeur allemand fabriquait encore des véhicules utilitaires.

À l'école, je me vantais régulièrement d'avoir « un Porsche » à la maison. Quand mes amis venaient me rendre visite dans le mas où nous vivions, je me délectais d'observer leur tête, à la vue du Porsche en question…

Comme le dit une parodie de la fameuse chanson de Serge Gainsbourg : « Je ne reconnais plus personne en… Massey Ferguson » !

Dans ce chapitre, nous sommes passés des banlieues aux soirées rallye, du joueur de football d'ascendance africaine aux bobos des beaux quartiers, en passant par le paysan de nos champs.

Mais c'est tout à fait à l'image de la France d'aujourd'hui. Un pays métissé, mélangé, haut en couleur, un pays *united colors* !

Eh oui, Porsche a effectivement construit des tracteurs, diesel de surcroît !

Le verre de vin
à moitié plein

Impossible d'écrire un livre sur les Français sans mentionner leur boisson fétiche, celle qui accompagne la plupart de leurs repas et qui contribue à la renommée de leur savoir-faire, partout sur la planète.

On ne peut nier le fait que le ménage à trois : cuisine, vin et France fasse bon ménage.

Entre la cuisine et ce passage dédié au vin, j'ai néanmoins placé un autre chapitre, afin d'éviter que ce livre ne devienne un guide gastronomique et œnologique !

J'ai récemment entendu une personne (française, faut-il le préciser) qui se référant à la fameuse expression : « Je préfère dire que le verre est à moitié plein plutôt qu'à moitié vide », a ajouté les mots « de vin » juste après le mot verre, avec la bénédiction de son interlocuteur. C'est-à-dire sans que celui-ci (français également) lui fasse remarquer que cet ajout était absolument fortuit... ou pas.

De toute façon en France, le verre de vin est plus souvent vide que plein !

Le divin nectar est indéniablement une coutume ancestrale gauloise, au même titre que le thé pour les

Anglais, le whisky pour les Écossais et la bière pour les Allemands et les Belges.

Tout comme la gastronomie, il représente une composante essentielle de l'art de vivre à la française et l'un des meilleurs ambassadeurs du pays.

Les chiffres parlent d'eux-mêmes : les trois quarts des Hexagonaux reconnaissent consommer au moins un verre de vin tous les jours !

Et pour justifier sa consommation, on exalte ses bienfaits thérapeutiques.

Le vin rouge, grâce aux polyphénols qu'il contient, aurait des vertus antioxydantes, pièce maîtresse pour les problèmes cardiaques et de cholestérol. Les risques d'AVC seraient, en conséquence, nettement diminués grâce à sa consommation.

Des recherches médicales sont allées jusqu'à démontrer que la consommation de vin était bénéfique pour les patients souffrant d'un cancer digestif ou d'un cancer du poumon.

Pour préserver et améliorer la vue, le divin nectar est conseillé afin de combattre la dégénérescence liée à l'âge.

Le vin réduit également les risques de dépression (mieux vaut boire du rouge que broyer du noir !) grâce à l'effet magique des resvératrols.

À quoi se réfère donc ce mot si difficile à prononcer ?

Les resvératrols sont des molécules organiques, présentes dans la peau des raisins, que la vigne fabrique pour se défendre des champignons. Une fois dans notre corps, ces

« magiques » resvératrols agissent en formant une protection sur certaines zones de notre cerveau.

Par exemple, le resvératrol limite la prise de poids en réduisant l'appétit naturellement et en empêchant l'organisme de stocker des cellules graisseuses.

Les Américains parlent ainsi du « *French paradox* » : comment les Français peuvent-ils avaler autant de graisses animales et afficher un taux d'infarctus si bas ?

Alors, après ce paragraphe digne d'une prescription médicale, êtes-vous convaincus des vertus du vin ?

Voilà en tout cas d'excellentes excuses pour en consommer !

Mais si le vin est la boisson alcoolisée la plus naturelle et bénéfique à la santé, n'oublions cependant pas qu'il est aussi la première cause d'alcoolisme en France.

Le refrain : « Tous bourrés dès 8 h, soutien aux viticulteurs » peut faire sourire, mais malheureusement, il est à l'image d'une certaine réalité.

Plus d'une génération de Français a probablement encore en tête les slogans publicitaires devenus mythiques : « Tu t'es vu quand t'as bu ? » ou bien « Un verre, ça va, trois verres, bonjour les dégâts ».

Bien que certaines propriétés du vin soient bénéfiques à l'homme, il est aussi démontré que son excessive consommation (tout comme pour les autres boissons alcoolisées) réduit considérablement l'espérance de vie.

Les politiques ont immanquablement dû se résoudre à prendre en compte ces faits.

Un ministre de la Santé, Claude Évin (si j'ose, le bien nommé) a rédigé en 1991 un texte de loi censé encadrer la publicité des boissons alcoolisées, mais ne l'interdisant pas. C'est à partir de cette loi que l'on a pu lire sur les publicités d'alcool des messages évoquant les dangers de son abus.

Mais le texte a été maintes fois amendé, pour plus d'assouplissement, sans doute sous la pression de puissants lobbies. Paradoxe planétaire, car la tendance est davantage à un durcissement des lois sur la consommation d'alcool, plutôt qu'à un assouplissement...

Comme pour l'art, on parle de nouveau d'exception française !

On pourrait penser que les Gaulois sont les premiers producteurs de vin au monde, mais détrompez-vous, ce sont les Italiens, et bientôt les Espagnols, qui nous devancent sur ce terrain.

La France peut néanmoins se consoler en consultant ses statistiques d'exportation, le nectar hexagonal étant de loin le vin le plus consommé à l'étranger. Les spiritueux caracolent même en tête des produits exportés de l'ancienne Gaule, juste après les avions d'Airbus, mais avant les parfums et cosmétiques. Pas étonnant pour un secteur généreux en emplois, afin de pourvoir les quelque quatre-vingt mille exploitations vinicoles actives sur le territoire.

Il faut aussi reconnaître que toutes les initiatives sont les bienvenues pour promouvoir le fruit de la vigne. L'abattage médiatique créé chaque année pour le lancement du beaujolais nouveau, le troisième jeudi du mois de novembre, en est l'une des plus spectaculaires démonstrations.

Tous les moyens sont aussi bons pour écouler la production, car la France demeure une terre bénie des dieux pour la culture de la vigne.

L'Hexagone accueille sur son sol pas moins de dix-sept régions viticoles. De l'Alsace à la Corse en passant par le Roussillon, la Bourgogne, le Lyonnais, le Jura, le Languedoc et tant d'autres. Il n'y a guère que les bords de la Manche et le Nord qui ne produisent pas de vin en France.

La région bordelaise se taille la part du lion en termes de vin AOC avec ses soixante appellations. Mais contrairement à ce que l'on peut penser, ce n'est pas la première région vinicole française, puisque le Languedoc, avec ses trois cent mille hectares de vignes, lui ravit ce titre.

Pour les vins de Bordeaux, on parle de premier grand cru classé pour les cinq plus prestigieux d'entre eux : château Lafite Rothschild, château Mouton Rothschild, château Latour, château Margaux, château Haut-Brion.
Mais il y a aussi des deuxièmes crus, troisièmes, quatrièmes et cinquièmes.

Le premier classement eut lieu en 1855 à la demande de Napoléon III, pour l'exposition universelle de Paris, dans le but de différencier les vins exposés, tels de magnifiques étendards du savoir-faire français.

On peut aussi se demander pourquoi tant de vins gaulois contiennent la mention « château ».

Une loi française de 1857, rédigée dans le but de protéger les marques, stipulait la nécessité d'ajouter à l'identification historique un caractère distinctif.

C'est ainsi qu'on commença à utiliser les mots : domaine, château, clos, mas, abbaye, etc.

À une époque où presque tout paysan cultivait quelques pieds de vigne, les plus fortunés exploitants profitèrent de l'occasion pour se démarquer, en accolant le mot château au nom de leur cru.

En France, on lève le coude en grande majorité avec un verre de vin rouge, mais le rosé est en passe de devenir l'apéritif préféré des Franchouillards.

Il y a quelques années encore, ce vin passait pour « un sous-produit » générateur de maux de tête et surtout consommé uniquement en été. Cette image a changé jusqu'à devenir le type de nectar connaissant la croissance la plus exponentielle ces dernières années. Sa production a même amplement dépassé celle du vin blanc.

Les Américains, entre autres, adorent le rosé jusqu'à en être les deuxièmes consommateurs au monde.

Le rosé, c'est le vin « cool », celui qui établit une connivence, celui que l'on boit en général lorsque l'on est en vacances.

On peut au demeurant se permettre de le mélanger. Le rosé-pamplemousse jouit d'un grand succès et, plus surprenant, d'autres boissons telles que le pastis et la bière se sont également mises au rosé !

À l'instar de la gastronomie, le savoir-faire français en matière de vins n'échappe pas à une rude concurrence.

Mais tel un petit village peuplé d'irréductibles Gaulois, il existe une région en France qui résiste à toute forme d'usurpation, sans la moindre crainte. Le nom de son vin est l'homonyme de celui de sa région. Il s'agit, vous l'avez certainement deviné, du champagne.

Tout comme la tour Eiffel, ou l'Arc de triomphe, la pétillante boisson alcoolisée est l'un des plus prestigieux symboles du pays.

Il ne sera jamais concurrencé, du moins par le nom, car on ne peut nommer « champagne » que les vins produits, récoltés et élaborés dans l'aire délimitée « Champagne en France ». Une parcelle territoriale définie par une loi, s'étendant sur trente-quatre mille hectares.

Le cava espagnol, entre autres usurpateurs, n'a donc qu'à bien se tenir !

Le champagne est le seul vin français pouvant être élaboré en mélangeant du vin rouge et du blanc. Sa confection se fait suivant une méthode rigoureuse, dite champenoise ou traditionnelle. La croyance populaire voit cette méthode être l'invention de dom Pérignon, un moine d'une abbaye de la région. Une prestigieuse marque du vin effervescent porte ainsi son nom.

Selon une étude, un bouchon de champagne peut atteindre les 40 km/h lors de son expulsion, grâce à la pression contenue dans la bouteille.

Et une fois n'est pas coutume, j'ai une nouvelle anecdote tout à fait véridique à vous conter à ce sujet.

Pendant les fiançailles d'un de mes oncles, son frère (un autre oncle donc) avait « pris les choses en main » au moment de l'apéritif, débouchant un à un les magnums de Veuve Clicquot merveilleusement réquisitionnés pour l'occasion. Mais un bouchon rebelle échappa à son attention et particulièrement à celle de ses doigts, pour aller se loger avec puissance et détermination, après un vol plané de très courte durée... dans l'œil de la maman de la mariée.

La pauvre femme s'est brièvement retrouvée avec un œil au beurre noir qui avait triplé de volume.

Le parfait cocard du boxeur.

Nous frôlâmes l'incident diplomatique, avec cette belle-mère quelque peu traumatisée et surtout rebaptisée, mais cette fois-ci avec le seau du champagne !

Bien heureusement, plus de peur que de mal puisque l'incident fut sans conséquence à moyen terme, pour les capacités oculaires de la belle-mère.

Et la soirée fut on ne peut plus pétillante, c'est le moins qu'on puisse dire.

Depuis cet événement, chaque fois que cet oncle ouvre une nouvelle bouteille, quel que soit son cru, l'assistance, prudemment avisée, plonge instantanément sous la table.

Selon certaines hypothèses historiques, à l'origine du tennis de table, les premières balles utilisées étaient des bouchons de champagne. Je pense qu'à choisir, la belle-mère de mon oncle aurait sans doute préféré réceptionner une balle de ping-pong dans son œil plutôt que ce maudit projectile de liège...

La France n'est pas réputée que pour son vin, qu'il soit rouge, rosé, blanc ou pétillant.

Parmi les autres boissons alcoolisées que produisent les terres hexagonales, deux se distinguent fondamentalement pour leur renommée internationale : l'armagnac et le cognac.

Ce sont les eaux-de-vie françaises, également à base de raisin, les plus célèbres du monde.

Le cognac aurait été créé par des vignerons désireux d'exporter leur petit vin blanc faiblement alcoolisé vers l'Angleterre et la Hollande. Ils eurent l'idée de le distiller pour mieux l'exporter et de lui ajouter de l'eau une fois à destination. Le résultat obtenu fut une eau-de-vie blanche, de médiocre qualité. Mais les producteurs découvrirent que plus le vin demeurait en fût, plus le liquide se transformait en une délicieuse liqueur. Ainsi naquit le cognac.

Son succès fut immédiat en Hollande, à tel point que les vignerons n'en produisirent plus exclusivement que pour le marché batave. Ils appelèrent cette eau-de-vie « brandewijn », d'où découla le mot « brandy ».

L'armagnac est depuis longtemps considéré comme le « petit frère pauvre » du cognac. Et pourtant, il est bien plus ancien. Selon certains historiens, il aurait été créé au milieu du XIIIe siècle, comme un remède thérapeutique très populaire, spécifiquement utilisé pour apaiser les nerfs !

Terroirs uniquement séparés de trois cents kilomètres, aujourd'hui le cognac est largement plus consommé que son voisin, au rythme de trente-cinq bouteilles contre une seule pour l'armagnac.

Mais d'après les connaisseurs, seul l'armagnac est capable de satisfaire pleinement les fins palais.

Curieux phénomène, depuis quelques années, le cognac est devenu la boisson préférée... des rappeurs américains !

Ils n'hésitent pas à s'exhiber sur les réseaux sociaux brandissant du brandy et vont jusqu'à citer des marques dans les œuvres musicales.

Une publicité qui ravit, cela va de soi, les producteurs hexagonaux. Même si ces artistes de musique urbaine ne sont pas vraiment une cible de clientèle à laquelle ils auraient pensé au premier abord.

Alors que dans la plupart des pays, on déguste les boissons alcoolisées de plus de quarante degrés en digestif, l'Hexagone se distingue une nouvelle fois, en les consommant parfois... en apéritif !

Et parmi les célèbres apéritifs français, l'un mérite une attention particulière du fait de sa popularité : le pastis.

Paradoxalement, il est né grâce à une interdiction des boissons affichant trop d'alcool !

Le XIXe siècle fut marqué par la consommation frénétique de l'absinthe, alcool qui supposément rendait fou. Fustigeant « la fée verte », un arrêté de 1915 interdit toute boisson contenant plus de seize degrés.

Mais les Français n'étaient pas de cet avis, ayant pour habitude de consommer des boissons anisées mélangées à l'eau (l'absinthe est élaborée avec de l'anis vert). Ainsi, en 1920, le gouvernement dut faire marche arrière, autorisant les boissons à l'anis jusqu'à trente degrés d'alcool. Puis, en 1922, le nombre de degrés fut relevé à quarante.

Un dénommé Paul Ricard, fils d'un négociant en vin, passa de nombreuses heures dans son laboratoire de fortune, afin de tester plusieurs combinaisons pour arriver à une recette incluant de l'anis étoilé, de l'anis vert et de la réglisse.
Il baptisa son invention « pastis », mot issu du provençal « pastisson » et de l'italien « pasticchio » signifiant mélange, et le succès fut immédiat.
Aujourd'hui, le « petit jaune » est une icône de l'apéritif français, et pas simplement dans le sud du pays...

En plus du vin, du champagne, du cognac, de l'armagnac et du pastis, les régions de l'ancienne Gaule ont regorgé de ressources pour produire un nombre considérable d'apéritifs et digestifs. Les calvados, chartreuse, rhum (ti-punch), kirsch, floc de Gascogne, Bénédictine en sont de magnifiques exemples, également pour le bonheur de nos papilles.

À la bonne vôtre !

À ce propos, en France lorsque nous trinquons, nous disons « santé » mais aussi « tchin-tchin ».
Cette expression aurait son origine au Moyen Âge (comme tant d'autres), splendide période de l'Histoire française où il n'était pas inhabituel de verser

« malencontreusement » quelques gouttes de poison dans le godet de son ennemi.

Afin de s'assurer que son verre n'était pas dangereusement mortel, échanger un peu de son breuvage avec ses voisins était par conséquent une coutume abondamment pratiquée. De ce fait, on heurtait son verre rempli à ras bord contre celui des autres, afin de déverser réciproquement un peu de liquide dans chaque gobelet.

Et c'est le son de ce bruyant contact qui aurait inspiré l'onomatopée : tchin-tchin.

Il existe toutefois une autre hypothèse. L'expression viendrait du chinois qing qing, qui se prononce tchin tchin, signifiant « je vous en prie ». À l'époque de Napoléon III, les soldats ayant fait campagne de Chine sous l'Empereur expliquèrent que les Chinois buvaient en échangeant des « tchin-tchin ».

Les vins et spiritueux sont également joliment présents dans de nombreuses locutions françaises. On dira : « On ne va pas en faire un pastis » pour dédramatiser une situation, en particulier dans le sud de la France.

« C'est champagne ! » est une exclamation pour évoquer une chose à l'image de la boisson : peu courante et spectaculaire.

« Il faut mettre de l'eau dans son vin », bien que les Français n'aiment pas beaucoup le faire, est une locution signifiant s'assouplir, être plus modéré.

« Verser un pot-de-vin » demeure certainement l'expression la plus usitée mettant en scène la fameuse boisson. On sait tous qu'elle se réfère au fait de verser une somme d'argent de façon illégale à une personne, dans le but de bénéficier d'un avantage de sa part. Son origine aurait un sens nettement plus noble. Il s'agissait de donner une récompense pour « s'offrir un verre », pour un service rendu. C'est tout à fait dans la lignée de la signification littérale du mot pourboire.

Et pour clôturer ce chapitre arrosé, une autre anecdote, absolument véridique une fois de plus, illustrant l'amour des Français pour le fruit de la vigne.

Des oncles et tantes sont viticulteurs en Bourgogne, depuis des générations. Ils sont par ailleurs apparentés à notre bien-aimé spécialiste en ouverture de bouteilles de champagne.

Il y a quelques années, une mystérieuse bactérie introduite dans la nappe phréatique avait dangereusement contaminé toute l'eau de cette région, où ils ont élu domicile. L'ensemble de leur voisinage avait souffert de terribles maux d'estomac, sans qu'eux soient affectés d'une quelconque façon.

Phénomène totalement surprenant, qui interpella médecins, spécialistes et évidemment eux-mêmes.

Mais qui trouva, toutefois, une explication limpide et claire comme de l'eau de roche, après une élémentaire question posée à mes aïeux : « Mais au fait, depuis quand n'avez-vous plus bu un verre d'eau ? » !

Belle envolée d'un bouchon de champagne. Attention malgré tout à vos yeux…

Une nation de rebelles, avec ou sans cause

J'avais la prétention de vous résumer en quelques pages l'Histoire de France, de façon synthétique et humoristique. Et puis, au fil des pages, je me suis rendu compte que ce que j'avais écrit n'était ni drôle, ni synthétique et pire, ni intéressant !

Et puis il existe quantité de manuels et livres, contant à merveille les dates les plus marquantes du peuple gaulois.

Cette précision étant faite, au fur et à mesure que j'écrivais ce chapitre, une constante revenait si fréquemment qu'elle éveilla mon attention : les événements majeurs de l'histoire de l'Hexagone ont trouvé naissance dans le caractère rebelle et insoumis des Français.

Pour reprendre une allégorie culinaire, on peut affirmer que le Français est un dur à cuire. Les Hexagonaux détestant par-dessus tout qu'on leur dicte ou dise ce qu'ils doivent faire (ou ne pas faire).

Alors qu'il n'y a pas si longtemps, nombre de nos voisins avaient à leur tête des dictateurs (Italie, Espagne, Allemagne entre autres) un tel fait aurait été résolument impossible dans l'ancienne Gaule.

Et pourquoi cela ?

Parce qu'une fois de plus, les Gaulois se sont distingués par leur génie créatif en inventant... la révolution contre leurs chefs !

Il fallait avoir un sacré cran (certains emploieront une autre expression nettement plus familière), pour se rebeller il y a plus de deux cents ans contre une monarchie toute-puissante, et sans aucun moyen.
Le peuple avait pourtant tout à perdre et si peu à gagner.

Oui mais voilà, le droit de disposer de soi-même est plus fort que tout !

Voltaire l'affirmait ainsi si judicieusement : « *Je ne suis pas d'accord avec ce que vous dites, mais je me battrai jusqu'à la mort pour que vous ayez le droit de le dire* ».

La Révolution a profondément transformé la société française. Elle est considérée comme l'acte fondateur de la France moderne.

On parle aussi d'une glorification de la Révolution de 1789, car son empreinte sur la société actuelle est omniprésente.

C'est tout d'abord à la Révolution que l'on doit la Déclaration des droits de l'homme et du citoyen et son fameux article premier : « Les hommes naissent et demeurent libres et égaux en droits ».
C'est le texte de base de la Constitution française. Il est inspiré de la Déclaration d'indépendance des États-Unis de 1776 et de l'esprit philosophique du XVIIIe siècle.

La devise de la République : « Liberté, Égalité, Fraternité », fièrement affichée sur tout ce que compte l'État comme représentation publique, est issue de la Révolution. Quoiqu'elle soit aussi un héritage du siècle des Lumières.

C'est aussi à la Révolution française que l'on doit l'hymne de *La Marseillaise*.

On peut s'interroger sur l'origine de ce nom, associé à la deuxième ville de l'Hexagone.

Au départ, il se nommait *Chant de guerre pour l'armée du Rhin*. Il avait été écrit à Strasbourg par un poète originaire du Jura durant un conflit contre l'Autriche.

Le poète Claude Joseph Rouget de Lisle aurait composé ce chant guerrier dans la nuit du 25 au 26 avril 1792.

Jusqu'ici, on est réellement loin de la Méditerranée et des cigales !

La garde nationale de Marseille aurait eu vent du refrain et le récupéra sous le nom de *Chant de guerre des armées aux frontières*.

En août 1792, quand la révolte contre la monarchie constitutionnelle éclata à Paris, Louis XVI fut installé au Palais des Tuileries et les Marseillais vinrent prêter main-forte aux révolutionnaires en entonnant l'hymne.

Les Tuileries étant prises et la royauté abolie, pour les Parisiens, cette chanson ne pouvait être autre chose que celle des Marseillais, venus mettre un terme à la monarchie.

Elle fut alors rebaptisée *La Marseillaise,* en hommage à ces révolutionnaires ayant accompli un si long voyage, pour transformer la destinée de leur nation.

En 1981, bien des années après la naissance du texte de Rouget de Lisle, la France eut un Premier ministre originaire de Lille dont il fut le maire, Pierre Mauroy. Un certain embonpoint et un physique jovial, caractérisé par de bonnes et grosses joues rouges, inspirèrent les humoristes et chansonniers de l'époque qui le rebaptisèrent... le rougeot de Lille.

Plus sérieusement, un vers de *La Marseillaise* continue à diviser l'opinion : « qu'un sang impur abreuve nos sillons ». Certains dénoncent des paroles épouvantables, racistes, xénophobes et surtout d'un autre temps, pour un hymne toujours en vigueur.

Thèse que réfutent quelques historiens, argumentant que le vers est mal interprété, puisque ce « sang impur » n'est pas celui de l'ennemi, mais bien celui des révolutionnaires !

À cette époque, on appelait sang pur (ou bleu) le plasma des rois et des nobles.

Toujours selon ces historiens, le verbe « abreuver » doit être compris comme « nourrissant » et les termes « nos sillons » expriment l'appartenance à « nos » terres, celles que nous cultivons.

En conséquence, avec cette autre lecture, Rouget de Lisle aurait manié l'ironie pour dire aux nobles : « Vous allez voir comment notre sang, soi-disant impur, va être versé (et sacrifié) pour nourrir notre terre ! »

C'est aussi à la Révolution française que l'on doit les coloris du drapeau : le bleu et le rouge, représentant les couleurs des révolutionnaires parisiens (et de la ville de Paris), encadrant le blanc, la couleur du roi. L'étendard symbolisant ainsi parfaitement l'emprise du peuple sur la royauté.

Pour l'autre petite histoire, le drapeau gaulois a des bandes verticales afin de se différencier du pavillon néerlandais déjà existant à l'époque, et portant les mêmes couleurs, mais disposées horizontalement.

Marianne fut une égérie symbolique de la Révolution. Plus de deux siècles après, son buste tient encore une place d'honneur dans les mairies et les bâtiments officiels de la République, et son profil apparaît immuablement sur les documents gouvernementaux tels que les timbres et papiers à en-tête.

Intéressant de savoir que son nom est issu de la contraction des deux prénoms : Marie et Anne, extrêmement répandus au XVIIIe siècle dans les milieux populaires, particulièrement à la campagne, ou bien dans le personnel domestique des maisons bourgeoises.

Le bonnet phrygien rouge que porte Marianne sur ses représentations est une référence à celui porté par les esclaves affranchis de la Rome antique. Un symbole fort des esclaves brisant leurs chaînes et devenant des citoyens libres.

J'évoquais précédemment l'importance de la baguette de pain dans la vie des Gaulois.

C'est à la Révolution française qu'on la doit !

Dans la foulée des Droits de l'homme et du citoyen, un décret stipula que tous les Français devaient manger le même pain, « un pain d'égalité ».

Ainsi débuta l'uniformisation des dimensions du pain, et ce fut l'acte de naissance de la baguette.

Les Français se marient sans passer par l'église et divorcent après, s'ils le souhaitent, depuis une loi promulguée en 1792, en pleine Révolution. Le divorce sera finalement abrogé sous la Restauration, pour être à nouveau autorisé quelque temps après.

Les juifs de France sont devenus citoyens à part entière, grâce à un décret voté pendant la Révolution.
Aucun pays n'avait réalisé jusqu'alors un tel avancement, pour cette communauté parfois tant opprimée. C'est ainsi que le *rêve français* est entré dans le cœur des juifs, tel que le proclame un dicton yiddish : « *heureux comme Dieu en France* ».

Sous l'Ancien Régime, le tutoiement était considéré comme une grossière impertinence.
Une convention de la Révolution l'a rendu obligatoire, aussi bien dans le civil que dans les administrations, afin d'exprimer un lien de fraternité universelle. L'application de cette convention dura peu de temps ; pourtant, quelle avancée !

On comprend que la fête nationale française célébrée tous les 14 juillet commémore sa révolution tant elle a marqué l'histoire du pays. Ce fut une période sanguinaire, ne l'oublions pas, mais tellement inventive, avant-gardiste et intrépide. L'aboutissement d'un siècle marqué par des lumières.

Et à la source de ces lumières, on retrouve des hommes de lettres, qui caractérisent tant l'esprit critique et anticonformiste des Gaulois : des philosophes, bien évidemment !

Quand Montesquieu prône la séparation des pouvoirs, Bayle critique l'idolâtrie du peuple envers un dieu ou un roi et Voltaire loue la liberté de penser et la tolérance, forcément, l'idéologie fait son chemin dans l'esprit de la foule.
Et s'ils avaient raison ? Et si c'était vrai ?...

Des philosophes qui rêvaient d'un monde sans esclavage, sans torture, sans peines cruelles, où l'homme serait libre de déterminer par lui-même sa façon de vivre et de choisir son avenir (l'autodétermination).
Avec des citoyens éclairés n'ayant nul besoin d'un monarque ou d'une autre figure pour penser et délibérer.
En substituant la raison partout où cela est possible : face à la foi aveugle, aux superstitions, aux régimes autocratiques, aux instincts primitifs, aux sentiments incontrôlés.
Prônant la tolérance religieuse, y compris la liberté de ne pas croire en Dieu.
Et tout cela il y a presque trois cents ans.

Qu'avons-nous fait de ces belles idéologies ?

Force est de constater que nous avons eu un siècle des Lumières, mais malheureusement quelqu'un a dû les éteindre...

L'ancienne Gaule au xxe siècle n'a pas connu le déchirement intérieur d'un conflit civil tel qu'ont pu en endurer l'ex-Yougoslavie ou l'Espagne, pourtant elle a autant souffert dans sa chair, étant l'un des principaux protagonistes des deux guerres mondiales.

Durant le second conflit, elle s'est une nouvelle fois illustrée par son caractère rebelle et insoumis, en faisant de la « Résistance ».

Renseignement, contre-espionnage, sabotage, presse clandestine, fabrication de faux papiers, diffusion de tracts, sauvetage de prisonniers, tous les moyens étaient bons pour lutter « à sa façon » contre les troupes d'occupation et parfois son propre régime, celui de Vichy.

La Résistance française est parvenue à faire ce que personne n'avait réussi avant (et même après) : rassembler communistes, socialistes, ecclésiastiques, anarchistes, trotskistes, aristocrates, prolétaires, monarchistes, et jusqu'à des fascistes !

Des hommes et femmes aux profils et origines si divers se sont unis pour une cause commune. Refusant la soumission et l'injustice, ils ont mis leur propre vie en péril, pour en sauver d'autres.

Toute ressemblance avec des faits réels et des personnes ayant existé (entre 1789 et 1804 par exemple) ne serait que pure et fortuite coïncidence...

La Résistance demeure une autre lumière de l'Histoire française, au cours de l'une de ses périodes les plus sombres.

Anecdotes insolites que l'on doit à cette époque : tout résistant possédait un voire plusieurs pseudonymes, seulement connus de ses camarades de lutte et dans le but de brouiller les pistes de l'occupant. Ainsi, Jean Moulin s'était baptisé Rex puis Max. Certains se sont inspirés des stations de métro parisien : Passy, Corvisart, Saint-Jacques, ou d'autres illustres personnages : Sultan, Archiduc.

Les membres du réseau Alliance s'appelaient par des noms d'animaux, ce qui conduisit les Allemands à surnommer cette organisation *l'Arche de Noé* !

Après la guerre, de nombreux résistants ont gardé leurs pseudonymes ou les ont accolés à leur nom authentique. Henri Rol-Tanguy, Maurice Kriegel-Valrimont, Jacques Chaban-Delmas, Raymond Aubrac ou Serge Ravanel s'appelaient différemment avant la Seconde Guerre mondiale.

La Résistance a également inspiré les cinéastes hexagonaux, de *Paris brûle-t-il ?* à *Au revoir les enfants*, en passant par le burlesque *La Grande vadrouille*. Ce dernier fut le film le plus visionné par les Français pendant près de quarante ans avant d'être détrôné par *Bienvenue chez les Ch'tis*.
Une nouvelle preuve de l'intérêt des Gaulois pour cette période de l'Histoire.

La nouvelle *Le Silence de la mer* dépeint à merveille une façon particulière de résister. Elle conte l'histoire d'un officier allemand francophone, totalement épris de culture française, occupant une maison de famille réquisitionnée. Chaque soir, lors de longs monologues, l'officier prône le rapprochement des peuples et la fraternité. En réponse, les habitants de la demeure, un homme et sa nièce, lui imposent un lourd et pesant silence comme ultime forme de résistance, le silence de la mer.

La nouvelle, inspirée de faits réels, fut publiée de façon clandestine pendant la guerre. Son auteur, Jean Bruller, lui aussi résistant de la première heure, prit le pseudonyme de Vercors, en référence au massif du même nom, où il avait été mobilisé au début du conflit.

Je suis encore d'une génération qui a vu ses parents affectés par la guerre mondiale. Mes grands-parents maternels se sont mariés en 1939, mon grand-père fut aussitôt prisonnier et il ne connut sa fille (ma mère) qu'une fois l'armistice signé, cinq ans après sa naissance. La maison de famille située aux environs d'Avignon fut un temps réquisitionnée. Ma grand-mère me racontait que la nuit, elle ouvrait les vannes d'eau de la cave où dormaient les soldats occupants. Chaque matin, ces derniers se plaignaient à leur état-major d'étranges fuites d'eau, survenues pendant la nuit...
Une autre façon de résister !

Seulement quelques décennies après ce triste conflit qui embrasa la planète, alors que tout allait plutôt bien, dans un monde qui n'était pas si mauvais, nos irréductibles Gaulois se sont à nouveau distingués, s'inventant une nouvelle révolution.

Celle-ci ne dura qu'un mois, pourtant on en parle continuellement cinquante ans après. Il s'agit de mai 68.

J'insiste sur la période et le contexte de ce soulèvement populaire. On parle d'une décennie de prospérité jamais égalée, de l'apogée des fameuses « Trente Glorieuses », période où l'on pouvait démissionner de son emploi un matin et en trouver un autre l'après-midi. Une France heureuse avec peu de chômage, une forte croissance économique, et de notables améliorations de conditions de vie, à tous les échelons.

Alors que d'autres dépensent leur énergie à envoyer des fusées dans l'espace, à marcher sur la lune ou à reconstruire leur pays abîmé par une guerre ou un conflit intérieur, que font les Français qui ne vont pas si mal ?

Une nouvelle révolution !

Chez les Gaulois, l'esprit de rébellion est instinctif, voire génétique. C'est perpétuellement plus fort qu'eux.

Et cette fois-ci, c'est la nouvelle génération, les baby-boomers de l'après-guerre, les étudiants, qui descendent dans la rue.

De quoi se plaignent-ils ?

Des « ismes », tels que le capitalisme, consumérisme, autoritarisme, paternalisme, et même de l'impérialisme américain !

En ce temps-là, en matière d'autoritarisme, la France n'est pourtant pas mal lotie au regard de ses voisins. L'Espagne et le Portugal continuent d'être sous le joug d'une dictature, et à l'est les régimes communistes, si peu démocratiques, battent leur plein…

Je vais donc reprendre cette maxime qui peut-être en choquera quelques-uns, mais en laquelle je crois fermement : les Français vivent dans un paradis, alors qu'ils se croient en enfer !

Naturellement, à l'instar de la Révolution de 1789, mai 68 a eu des répercussions positives sur la société hexagonale tels que les « accords » de Grenelle pour les ouvriers, la réforme de l'université pour les étudiants, la loi sur l'IVG (bien qu'elle se soit matérialisée un peu plus tard) et plus généralement une large libéralisation des mœurs.

Sous la maxime « *il est interdit d'interdire* », ce mois de contestation a sans aucun doute été un catalyseur afin de faire « sauter certains verrous ».

La chanson *69 année érotique*, écrite par Serge Gainsbourg en 1968, n'aurait certainement pas pu passer entre les mailles de la censure, sans cette libération des mœurs...

Mais ce mois de violentes contestations a aussi profondément divisé la société française.

Influencé ou pas par les événements de l'Hexagone, à pareille époque, un vent de rébellion soufflera sur la planète bleue. Prague connaîtra son printemps contestataire, les Américains descendront dans la rue pour dénoncer une guerre au Viet Nam qu'ils jugent injustifiée. Et jusque dans le docile Japon, une ligue étudiante engagera un mouvement très suivi.

86 est l'anagramme de 68. Et c'est une année où nos jeunes Gaulois se sont une nouvelle fois manifestés avec véhémence, contre un projet de loi visant à réformer les universités françaises. Il prévoyait entre autres un processus de sélection à l'entrée des universités, et de mettre celles-ci en concurrence. Le projet fut retiré en

décembre 1986, mais le soulèvement restera à jamais marqué par la mort malencontreuse d'un étudiant.

Le gilet jaune était connu jusqu'en 2018 comme un vêtement que l'on gardait précieusement dans le coffre de sa voiture, et destiné à n'être porté qu'en cas de nécessité extrême.

Le génie contestataire du Français a transformé cette parure en un symbole de rébellion.

On doit l'origine du mouvement à un appel à manifester contre l'augmentation du prix des carburants automobiles, issu de la hausse de la taxe intérieure de consommation sur les produits énergétiques (TICPE).

Et le soulèvement s'est progressivement transformé en une révolte contre l'action gouvernementale, par des actes de présence sur les routes, les ronds-points et en manifestant tous les samedis.

L'avenue des Champs-Élysées et l'Arc de triomphe se souviendront certainement longtemps de ces Gilets jaunes, casseurs et black blocs profitant du tourbillon pour semer la zizanie et causer d'importantes altérations.

Devant l'ampleur du phénomène, le gouvernement a eu beau renoncer à la hausse de la TICPE, cela n'a pas empêché les Gilets jaunes de poursuivre leur mouvement.

C'était mal connaître l'opiniâtreté des Gaulois...

Il faut dire aussi que les Français sont les champions du monde de la grève. Sur une période allant de 2008 à 2017, le pays a connu en moyenne cent dix-huit jours de grève par an pour mille salariés. C'est sept fois plus que nos voisins allemands ! Pour la même période, les Britanniques n'ont connu que vingt et un jours de grève et les Américains cinq...

En décembre 2019, l'ancienne Gaule a de nouveau connu un profond mouvement de grève affectant l'ensemble des transports publics. À l'origine de cette contestation qui paralysa entièrement la France, un projet de retraite qui n'avait pas encore été présenté publiquement.

Les Gaulois, en conséquence, ont donc fait une grève prévisionnelle...

Toujours plus fort, toujours plus haut !

Je me garde bien évidemment d'émettre un quelconque jugement sur ces faits. Ce ne sont que des constatations. Les grévistes ont certainement de légitimes raisons de se mettre en grève. Je me contente juste d'observer ce qui se passe dans mon pays, avec un peu de recul puisque je ne l'habite plus.

Faut-il aussi rappeler que le mot grève tire son origine du nom d'une place parisienne, où les ouvriers sans travail se réunissaient pour se faire embaucher...
Quelle ironie du sort !

Pendant les premiers mois de la crise du coronavirus, une majorité de Français s'est plainte de ne pas avoir été confinée plus tôt. Une fois confinés, ils ont crié leur colère, afin d'accélérer le processus de déconfinement. Mais une fois la liberté retrouvée, beaucoup ont critiqué un déconfinement trop rapide !

Au début de l'épidémie, le manque de tests et de masques a exaspéré les Français. Mais une fois les tests et masques disponibles, de nombreux Gaulois les ont refusés !

C'est dans les gènes, que voulez-vous.

Après tout, ce n'est pas si étonnant qu'*Astérix le Gaulois* soit la bande dessinée préférée des Français. Elle résume parfaitement ce qu'ils aiment au-delà de tout : l'insoumission, la rébellion, la résistance, le petit David luttant contre le puissant Goliath.

Quoi qu'il en soit, comme le disait si judicieusement le général de Gaulle, c'est si difficile de gouverner un pays... qui a tant de variétés de fromages !

La vision du peintre Eugène Delacroix de
La Liberté guidant le peuple pendant la Révolution.
Et qu'elle est belle, cette liberté !

Les Français et le travail : je t'aime moi non plus

Le Grand Canyon des États-Unis est l'une des plus belles merveilles que dame nature ait pu donner à notre globe terrestre. Un cours d'eau, un seul, a sculpté, creusé, taillé le grès, le calcaire et le schiste qui forment cette roche, et ce pendant des millions d'années.

On peut aisément rester des heures entières à contempler ce paysage à couper le souffle, qui nous rappelle inéluctablement, immanquablement, que nous sommes peu de chose devant la grandeur de la nature, et la force des éléments.

J'ai eu la chance de voir le Grand Canyon et je suis, comme tant d'autres, resté bouche bée devant la splendeur et la grandeur du lieu. Jusqu'au moment où un individu, visiblement originaire du sud de la France au son de son accent, a brisé le lourd et magnifique silence environnant (pas de la mer cette fois-ci), en ces termes :

— Oh le travail, oh le travail, je n'y crois pas. Quel travail, mais quel travail !

Il avait raison. Il s'agit effectivement d'un travail de dur labeur du fleuve Colorado pour fendre cette roche.
Mais devant la somptuosité du site, entendre avant tout le mot « travail » de la part d'un Français du Sud a

déclenché en moi un rire peu approprié en pareilles circonstances.

Oui, oui, devant le majestueux, splendide, immense et unique Grand Canyon (les hyperboles pour la circonstance ne sont pas usurpées), c'est le mot « travail » qui passa en premier par la tête de ce compatriote !

Évoquer le rapport des Français avec le travail est un exercice complexe, étant donné les paradoxes de cette relation.

Contrairement à ce que l'on pourrait penser, les Français accordent beaucoup d'intérêt au travail. Déjà au siècle des Lumières, les philosophes mettaient en valeur ses vertus. Jean-Jacques Rousseau a écrit : « *La tempérance et le travail sont les meilleurs médecins de l'homme* » et Voltaire : « *Le travail éloigne de nous trois grands maux : l'ennui, le vice et le besoin* ».

D'après un récent sondage où la question était de juger la place du travail dans leur vie, les trois quarts des Français interrogés ont répondu qu'elle était « très importante ». Bien davantage que les Britanniques et Allemands également consultés, et jusqu'à deux fois plus que les Finlandais !

Nicolas Sarkozy a été en partie élu président de la République grâce à ses promesses de campagne basées sur les valeurs du travail, et son fameux slogan : « *Travailler plus pour gagner plus* ».

Mais cela ne signifie pas pour autant que les Français soient prêts à y passer leur journée...

D'après le très sérieux Institut national de la statistique et des études économiques (INSEE), depuis 1975, le temps de travail des Français a diminué de trois cent cinquante heures chaque année, ce qui correspond à quarante-trois jours ouvrés, c'est-à-dire la bagatelle de deux mois de travail en moins par an !

En 1900, on travaillait en France presque la moitié de sa vie. Aujourd'hui, les Gaulois ne consacrent plus que dix pour cent de leur temps à leur emploi. Un écart abyssal.

Les Français ont même été précurseurs en termes de « qualité de vie », puisqu'ils ont pensé à instituer des congés payés, largement avant tout le monde.

Et pour répondre au fléau du chômage, ils ont opté pour la semaine des trente-cinq heures.

L'idée, par un calcul arithmétique des plus basiques, était que huit personnes travaillant au rythme hebdomadaire de trente-cinq heures équivalaient à sept personnes en poste pendant quarante heures.

La mesure incitait ainsi les entreprises à embaucher, pour combler ce « supposé » déficit de personnel.

Dans la pratique, la loi eut un impact très mesuré sur l'emploi, mais pas sur l'organisation du travail et la qualité de vie des Français. Car en quelques décennies, ils sont devenus l'un des peuples ayant le plus de temps libre, grâce aux fameuses Réductions du temps de travail (RTT). Et de surcroît l'un des plus productifs, arrivant à produire autant, en travaillant nettement moins !

Ce n'est pas tout, puisque, au-delà d'un allégement du temps de travail, le « modèle social français » est une référence planétaire.

Dans l'Hexagone, on part en retraite bien avant l'immense majorité des autres pays du globe, et chaque citoyen y a droit.

Les soins médicaux sont gratuits pour l'ensemble de la population.

Le Code du travail est largement en faveur du travailleur, à l'inverse de tant d'autres pays.

Les indemnités de chômage sont parmi les plus généreuses.

Simultanément, les salaires pratiqués en France n'ont rien à envier à ceux des pays les mieux lotis.

Si on ajoute à ce tableau la reconnaissance des syndicats, le statut de la fonction publique, l'assistance aux handicapés, le salaire minimum (SMIC) et le revenu de solidarité active (RSA), on peut réellement parler d'un État providence.

Et tout en conservant ses acquis sociaux, la France a réussi, jusqu'à présent, à rester performante et compétitive dans un contexte concurrentiel constamment plus agressif, fruit de la mondialisation.

Jusqu'ici, tout va bien...

Confortablement installé dans le G7 depuis des décennies, l'Hexagone est aussi l'une des cinq premières puissances économiques de la planète.

Avantages sociaux, « dorlotage » de ses concitoyens et à la fois succès économiques et industriels : les Français vivraient-ils dans un paradis qu'ils ignorent ?

Depuis le sud de l'Europe, je peux vous affirmer que l'on regarde la France avec admiration, et surtout beaucoup d'envie !

Car la France demeure un pays gâté, n'ayons pas peur des mots.

Les atouts de sa physionomie naturelle, avec ses si nombreuses chaînes de montagnes, ses kilomètres de plages, la beauté de ses villages et villes ainsi que son offre culturelle et de loisirs (Disneyland entre autres), permettent à l'ancienne Gaule d'être la nation la plus visitée au monde... et de loin.

Les devises engrangées annuellement grâce aux dizaines de millions de touristes de passage dans l'Hexagone ont fait du tourisme l'un des piliers les plus solides de l'économie française.

Comme l'Hexagone est une terre attirante, un nombre considérable de multinationales ont aussi choisi de s'implanter dans le pays.

En France, un actif sur cinq est fonctionnaire. L'État est par conséquent omniprésent par le biais de ses administrations, ce qui contribue largement à l'activité économique du territoire. On va jusqu'à parler d'une « socialisation » du pays.

En résumé, les services (le tourisme entre autres), les multinationales et l'administration représentent les trois plus robustes remparts de l'économie française.

Mais il y a aussi dans l'Hexagone de remarquables exemples de réussite personnelle.

L'entrepreneur Bernard Arnault est régulièrement classé comme l'une des personnes les plus fortunées au monde. Dans la galaxie de son groupe, dont le dénominateur commun est le luxe, on retrouve de prestigieuses marques telles que Louis Vuitton, Christian Dior, Guerlain,

Loewe, Givenchy, Bulgari, Chaumet, Hublot. Des magasins : La Samaritaine, Le Bon Marché, Sephora. Mais aussi de renommées maisons de champagne comme Moët & Chandon ainsi que le cognac le plus consommé au Monde : Hennessy !

Quel parcours pour un homme qui avait rejoint au début de sa carrière l'entreprise familiale aux antipodes du luxe, puisque spécialisée... dans les travaux publics !

C'est aussi l'une des particularités de la France : on réussit généralement en famille, comme c'est le cas de la surprenante fratrie Mulliez.
Cette dynastie originaire du nord du pays a décliné son concept de grande distribution dans tous les secteurs de la consommation.
Ainsi, pensant aux supermarchés des villes, ils ont créé la chaîne Auchan.
Un magasin de vêtements ? Kiabi habille le consommateur.
Où réparer sa voiture ? Norauto et Midas sont les rois du secteur. On remarquera au passage le clin d'œil à l'origine nordiste de la famille, pour le magasin premier cité.
Une enseigne pour bricoler ? Leroy Merlin vous enchantera.
Où aller décorer sa maison ? Chez Saint-Maclou, évidemment !
Pour faire un lunch ? Au Flunch ou aux 3 Brasseurs.
Du pain sur la planche pour vos travaux domestiques ? Vous trouverez votre bonheur dans un magasin Boulanger.

Et pour ses fournitures de bureau ? Le top c'est chez Top Office.

Ce sont d'admirables déclinaisons consommatrices, toutes dans le giron d'une même famille.

Mais sa plus éclatante réussite est certainement la chaîne de magasins Decathlon, dont le concept de distribution de produits sportifs prospère aussi efficacement en Chine qu'au Brésil.
À fond la forme chez les Mulliez !

Et la France regorge de réussites de ce type. Par exemple, le leader mondial incontesté des cosmétiques est sous la bannière tricolore.
Maquillage, coloration de cheveux, soin de peau, shampoing, l'entreprise L'Oréal a su élégamment décliner son savoir-faire dans le secteur de la « beauté ».
La multinationale doit son origine à un jeune chimiste, Eugène Schueller, qui après s'être porté seul volontaire pour un problème capillaire soumis par un coiffeur, breveta un procédé de teinture permettant de couvrir les poils et les cheveux blancs !
Aujourd'hui, la société parisienne a fait de son héritière, Françoise Bettencourt Meyers, l'une des femmes les plus riches du monde.

La famille Pinault, détentrice entre autres des enseignes Gucci, Yves Saint Laurent, Balenciaga, Boucheron, Pomellato représente un nouveau cas de réussite gauloise, dans le domaine du luxe. À l'image de Bernard Arnault, si souvent son plus redoutable concurrent, le patriarche François Pinault a débuté sa carrière en reprenant une entreprise familiale... de négoce de bois. On est si loin de la prestigieuse maison de ventes aux enchères Christie's, qui appartient également à son empire.

La fratrie Ricard, avant tout connue pour son pastis éponyme, est devenue en quelques décennies l'un des premiers marchands de vins et spiritueux au gré d'absorptions et du développement de boissons qui font le bonheur de notre gosier.

Où que vous soyez, du stylo Bic de votre trousse d'écolier aux verres Essilor de vos lunettes, en passant par votre friteuse Seb ou votre parfum préféré, le *made in France* a certainement fait avec vous une partie du chemin.

À l'étranger, on connaît les poids lourds de l'industrie hexagonale avec ses autos Renault, Peugeot, Citroën ou Bugatti, ses supermarchés Carrefour, ses yaourts Danone, ou ses banques BNP Paribas, Société générale.

Un peu plus discrètement, des entreprises au pavillon tricolore sont les premières au monde dans la production de voiliers, vaccins contre le paludisme, téléphériques, publicité extérieure, ou encore code-barres !

Une nouvelle fois, après cet agréable tableau, il faut néanmoins évoquer l'envers du décor.

Nous entretenons dans l'ancienne Gaule une relation fortement ambiguë avec l'argent, singulièrement différente de celle des pays anglo-saxons, entre autres.

Demander à quelqu'un combien il gagne est très mal perçu dans l'Hexagone, même si c'est un ami ou un membre de sa famille. C'est régulièrement considéré comme un manque d'éducation. Exhiber son argent est encore pire. Traiter quelqu'un de « nouveau riche » demeure une sérieuse insulte en France. Une expression a d'ailleurs vu le jour pour qualifier les personnes aux signes ostentatoires de richesse : bling-bling. Elle fait allusion au bruit des bijoux portés par ces dernières.

Selon un récent sondage, près de huit Français sur dix pensent qu'être riche est mal perçu. Mais d'un autre côté, près des trois quarts jugent que c'est une chose louable que de vouloir le devenir !

François Hollande avait martelé : « Je n'aime pas les riches ». Des mots qui ont choqué, venant de la bouche d'un chef d'État. Pourtant, cette phrase ne faisait-elle pas écho à la pensée d'un grand nombre de ses concitoyens ?

Emmanuel Macron a souvent été péjorativement décrit comme étant un « président des riches », bien qu'il s'en soit défendu.

On a longtemps reproché à Nicolas Sarkozy la soirée au Fouquet's juste après son élection, ainsi que ses vacances sur le yacht d'un ami milliardaire. Certains ont alors employé l'expression « droite bling-bling », inspirée de « la gauche caviar », telle une revanche.

Parler d'argent est encore tabou en France, c'est un fait.

Des sociologues ont avancé l'héritage de « la culture paysanne » française pour interpréter cela.
Les paysans avaient de l'argent liquide à la maison, et il ne fallait pas en parler pour ne pas susciter les envies... et les vols.

La religion catholique a certainement eu aussi son influence sur la société française. Faisant l'éloge de la pauvreté et condamnant l'enrichissement facile, elle contraste avec le protestantisme des pays anglo-saxons, moins coupable vis-à-vis de la richesse de ses fidèles.

D'autres évoquent la dimension égalitaire et républicaine de l'Hexagone (autre héritage de la Révolution), comme responsable du tabou de l'argent.

Bref, on retrouve dans ces faits l'esprit torturé des Gaulois, en équilibre entre la morale et le bien-être...

Le *made in France* lui aussi devient un leurre, les sociétés sous-traitant davantage leur outil de production dans des pays où les coûts de main d'œuvre sont nettement plus avantageux que dans les frontières de l'ancienne Gaule. Nombre de jadis « fleurons de l'industrie française » n'ont de français que leur siège social.

La majeure partie des entreprises hexagonales a au demeurant son siège à Paris ou dans sa région et cela est aussi une particularité gauloise. Alors que chez nos voisins italiens, espagnols ou allemands, les centres de pouvoir économiques sont répartis dans plusieurs villes, pour l'Hexagone tout est largement concentré, voire engorgé, dans la capitale.

Le général de Gaulle (encore lui !) évoquait à juste titre « *Paris et le désert français* ». La tendance n'a pas changé.

La plupart des multinationales hexagonales ont à leur tête un diplômé d'une « grande école ». Et c'est à nouveau une spécialité locale. En 2020, trente patrons du CAC 40, les principales sociétés cotées à la bourse de Paris, proviennent des neuf mêmes écoles, parmi lesquelles on retrouve les indétrônables École polytechnique, HEC ou ENA.

Je rappelle que l'X (l'École polytechnique) est une école d'ingénieurs créée pendant la Révolution française puis « militarisée » par Napoléon.

En France, les dirigeants des premières entreprises du pays ont fait leurs études dans un établissement militaire, dont les élèves défilent en uniforme sur les Champs-Élysées le 14 juillet, à l'égal des régiments d'infanterie, de cavalerie ou de parachutistes !

Une (autre) si curieuse spécificité gauloise.

On peut également dresser un constat similaire pour les politiques français, dont la plupart sortent de la fameuse École nationale d'administration.

Les présidents Valéry Giscard d'Estaing, Jacques Chirac, François Hollande, Emmanuel Macron ont tous comme point commun d'avoir ciré les bancs de l'ENA, certes à des époques distinctes.

La France serait-elle uniquement dirigée par des technocrates ?

Peut-on réussir en France, sans un diplôme de marque en poche ?

Bien heureusement oui, et à ce titre et pour sourire, on peut citer l'exemple peu commun de Christian Estrosi.

Ce fils d'immigrant italien a connu une riche carrière politique. Président de région, député, secrétaire d'État, ministre, maire de Nice, l'homme a cumulé de hautes responsabilités tant au sein de sa région, les Alpes-Maritimes, qu'au niveau national.

Avant de basculer dans la politique, Christian Estrosi fut un excellent pilote de moto. Emporté par le virus dès son plus jeune âge, il remporta à plusieurs reprises le championnat de France et tutoya même les sommets à l'échelle mondiale.

C'est sans doute cette captivante « première vie » qui l'a empêché de poursuivre ses études, et notamment de passer son baccalauréat.

Anecdote qu'utilisent, non sans une certaine ironie, ses adversaires politiques, qualifiant l'homme, non pas d'autodidacte, mais de motodidacte !

Tout comme Christian Estrosi, malgré cette « dictature des grandes écoles », il subsiste en France de valeureux exemples d'autodidactes, ayant réussi aussi bien en politique que dans les affaires. Cependant, ils sont chaque fois plus atypiques.

La société française reste extrêmement élitiste (du moins, intellectuellement parlant), on ne peut le nier. Mais l'accès aux prestigieuses écoles est une histoire de réussite scolaire et non de gros sous, ce qui demeure un atout pour la nation.

Les instituts d'enseignement supérieur de l'Hexagone bénéficient de généreuses subventions qui les rendent accessibles pour presque toutes les bourses, et sans avoir à s'endetter pour le reste de sa vie. Ils se targuent d'accueillir année après année davantage d'élèves boursiers. La palme revenant au non moins prestigieux Institut d'études politiques, dont un pensionnaire sur trois n'a même pas à s'acquitter de frais de scolarité !

Quand on pense qu'aux États-Unis, il faut dépenser au minimum trente mille dollars par an (si l'on n'est pas un sportif émérite) pour poursuivre un quelconque cursus d'études secondaires...

Une fois de plus, on ne peut que se rendre à l'évidence : les Hexagonaux sont définitivement confortablement lotis !

En France, il faut juste bien travailler à l'école, et avoir néanmoins un peu de réussite à un certain moment...

Et puis la formation française ne doit pas être si mauvaise puisqu'à l'étranger, on « s'arrache » les diplômés gaulois. Dans la toute-puissante Silicon Valley, le français est la deuxième langue la plus parlée !

Depuis quelques décennies, on évoque même une inquiétante fuite des cerveaux. Inquiétante, car l'Hexagone perd ses talents et aussi son argent public puisque l'État finance en grande partie l'éducation de ses diplômés, qu'ils aient suivi un cursus public ou privé.

Le Grand Canyon américain, à l'image du pays où il a pris racine, continue de fasciner certes, mais le rêve français n'est pas si mal non plus... tout compte fait.

L'École polytechnique en tête du défilé militaire un 14 juillet, comme le veut la tradition.

Crédit d'image : collections École polytechnique / Jérémy Barande

Des inventions mises au service du sport

On peut difficilement affirmer que les Gaulois aient l'image d'un peuple sportif. Et pourtant, nous adorons le sport… mais plutôt confortablement assis sur notre canapé, sirotant une bière ou dégustant un rosé.

La France est sans doute le seul pays où les commentateurs sportifs sont plus connus que les sportifs eux-mêmes !

Je grossis le trait bien entendu ; il y a néanmoins une part de vérité.

À défaut d'être perçus comme de grands sportifs, les Français se sont illustrés par leur génie inventif, mis au service du sport.

Comme entrevu dans le chapitre sur les illustres Gaulois, c'est au baron Pierre de Coubertin que l'on doit la renaissance des Jeux olympiques. Pour cet aristocrate parisien, le dicton « *mens sana in corpore sano* » se transforma en « *mens fervida in corpore lacertoso* » : un esprit ardent dans un corps musclé.

C'est aussi grâce à lui que l'on fait de l'exercice dans les écoles, car avant de restaurer les olympiades de la Grèce antique, il milita avec conviction pour l'introduction du sport dans les établissements scolaires hexagonaux.

Il y a une trêve des conflits armés pendant la durée des Jeux olympiques. Un serment (écrit par le baron) de fair-play, d'équité et d'impartialité est prononcé par athlètes, arbitres et entraîneurs pendant la cérémonie d'ouverture. Le drapeau olympique constitué de cinq anneaux entrelacés, représentant les cinq continents unis par l'olympisme, est aussi une idée de Coubertin.

Que de beaux symboles !

Et si le français demeure l'une des deux langues officielles du Comité international olympique, c'est en hommage à l'œuvre du baron parisien.

Après les JO, la Coupe du monde de football est le deuxième événement sportif le plus populaire de la planète.

Et devinez qui en a eu l'idée ?

Un Gaulois !

Le Franc-Comtois Jules Rimet, qui a du reste donné son nom au premier trophée, est le principal initiateur de cette compétition suivie avec autant de ferveur à Tokyo qu'à Rio de Janeiro.

Mais attendre quatre ans pour se passionner pour son sport favori, cela peut devenir excessivement long. Des journalistes eurent l'idée, en 1955, d'un tournoi se déroulant chaque année entre clubs de football issus d'un même continent. C'est ainsi que les coupes d'Europe des clubs ont vu le jour, et ces journalistes étaient... français !

Comme il fallait récompenser le meilleur joueur du continent, ils inventèrent la distinction du Ballon d'or.

Soixante ans après son invention, le trophée subsiste et il est toujours autant convoité.

L'intérêt pour les coupes d'Europe n'a jamais faibli, et elles font l'objet de convoitise de la part des médias du monde entier.

Et bien que les clubs de football hexagonaux n'aient jusqu'à nos jours guère brillé lors de ces compétitions, on pourra toujours se consoler en affirmant que c'est grâce à des Gaulois qu'elles existent.

Et les anti-footballs sont en droit de remercier chaleureusement ces Français, qui eurent toutes ces merveilleuses idées !

Un média a joué un rôle prépondérant dans la popularisation du sport en France, c'est le journal *L'Équipe*.

Chacun connaît le quotidien en quadrichromie exhibant ses unes, dans les kiosques à journaux des quatre coins de l'Hexagone. Ce que l'on sait peut-être moins, c'est qu'il appartient à un puissant pôle média détenu par une autre fratrie, la famille Amaury, devenue au fil du temps le leader mondial d'organisation d'événements sportifs.

Les courses du Tour de France, Paris-Roubaix et Paris-Nice, c'est eux. Le Rallye Dakar, ce sont encore eux. Le Marathon de Paris, l'Open de France de golf, toujours eux !

Les journalistes qui ont créé les coupes d'Europe travaillaient à *L'Équipe* et le Ballon d'or est attribué par

France Football, hebdomadaire faisant partie du même groupe de presse.

Autre détail ayant son importance : alors que chez nos voisins, plusieurs journaux sportifs ont réussi à se faire une place au soleil, dans l'Hexagone, *L'Équipe* bénéficie d'un monopole incontestable et incontesté depuis des décennies.

Brillant exemple d'une réussite... écrasant toute concurrence !

Le Tour de France n'a pas été créé par *L'Équipe* mais par un autre quotidien sportif très populaire en son temps : *L'Auto*. C'est au demeurant à ce journal que l'on doit la couleur du maillot du leader de « la Grande Boucle », puisque le périodique était imprimé sur papier jaune.

Pour l'anecdote, c'est pareillement le cas pour le Tour d'Italie. Le magnifique t-shirt rose fuchsia porté par le premier du Giro a été stratégiquement choisi pour évoquer la couleur des pages du quotidien sportif transalpin, *La Gazzetta dello Sport*.

Votre humble narrateur est un fan absolu de sport et un lecteur assidu de *L'Équipe*. Ma femme se moque souvent de moi, en disant que je suis capable de regarder avec autant de passion une partie de tennis qu'un match de troisième division de water-polo.
Pour le water-polo, j'ai beau lui expliquer que c'est dû à mon intérêt pour les chevaux... cela ne la fait pas rire.

Je ne suis du reste pas le seul à aimer les canassons, au regard du nombre de passionnés de sports hippiques que compte l'Hexagone. Une nouvelle fois, on parle d'exception française.

« Le tiercé, c'est mon dada », déclarait le comédien Omar Sharif, dans une célèbre publicité pour le PMU. Car si en France, on regarde les courses de chevaux, c'est avant tout pour parier sur elles.

Ils sont des millions tous les ans, à miser sur un cheval dans l'espoir que celui-ci remporte son épreuve de trot, de galop ou d'obstacles. On trouve des hippodromes dans la plupart des villes hexagonales, et certaines régions de France, telles que la Normandie, sont dédiées à l'incubation de pur-sang de courses, qui feront le bonheur de leurs futurs propriétaires partout sur la planète.

Aucun autre pays n'organise davantage de critériums hippiques que l'ancienne Gaule, avec comme point d'orgue le plus prestigieux d'entre eux, le Prix de l'Arc de Triomphe.

L'origine des courses hippiques en France daterait du VIe siècle. Le roi Bodrick, chef des Bretons, aurait promis à l'heureux gagnant d'un concours de galop, ni plus ni moins que la main de sa fille, Aliénor ! Le monarque étant intimement convaincu qu'un habile cavalier ferait un excellent gendre.

Il est pertinent de souligner le brassage social présent autour des sports hippiques. Les canassons sont la propriété de riches personnalités, fréquemment issues de l'aristocratie. Les jockeys font généralement partie de la classe moyenne (au passage, de plus en plus de femmes exercent ce métier à risque). Et chez les parieurs, on retrouve de tout, des plus démunis aux plus fortunés.

Peu de sports peuvent se targuer de rassembler un tel éventail de statuts sociaux, autour d'une passion similaire.

Anecdote distrayante au sujet des courses de chevaux : un parieur s'était réveillé plus tôt que prévu, et observa que son horloge marquait très exactement 7 h 07. Dans la matinée, il eut rendez-vous avec son banquier au numéro 7 de la rue, qui l'informa que son compte était créditeur de sept mille sept cents euros. Convaincu que c'était un signe qui allait lui porter chance, il joua ces sept mille sept cents euros sur le septième cheval de la septième course du jour et le cheval arriva... septième !

Une autre spécificité gauloise est la passion pour le rugby. Le sport au ballon ovale demeure une chasse gardée des pays anglo-saxons, en particulier des nations du Commonwealth, mais il a réussi à séduire de nombreux Français, à tel point que le championnat organisé dans l'Hexagone jouit de la meilleure renommée.
Si le rugby a été importé du côté du Havre par les Anglais, il y a un peu plus de cent ans, c'est paradoxalement dans une région transversalement opposée, le Sud-Ouest, qu'il s'est popularisé.
Les avis divergent sur les raisons de ce succès, dans un territoire davantage connu pour ses plages océaniques, ses forêts et ses vignes, que pour ses terrains de sport.
Selon certains, la présence massive de commerçants et notables anglais dans la région bordelaise a contribué à la propagation d'un de leurs sports fétiches.

D'autres pensent que la pratique de la soule, très populaire dans le Sud-Ouest, a rendu plus aisé le passage au rugby, étant donné les similitudes de ces deux jeux.

Pourtant, ces explications ne semblent nullement convaincre quelques historiens, estimant que le Grand Sud-Ouest était prédisposé à adopter le rugby, puisque la force et la puissance physique imprègnent ses coutumes locales, telles que les épreuves de force basque.

On a coutume de dire que le football est un sport de gentleman supporté par des hooligans, et que le rugby est l'inverse. Ce n'est pas si faux, car en France, curieusement, le rugby est le sport préféré de l'aristocratie. Longtemps amateur, peu entaché par la folie des supporters, festif une fois le match terminé, ce sont probablement ces valeurs qui ont séduit les adeptes de « l'ovalie ».

Il n'empêche que dans la mêlée, c'est nettement moins amical, et c'est souvent la boîte à claques et l'usine à pains qui sont pleinement ouvertes...

À défaut d'être reconnus comme de grands athlètes, les Gaulois se distinguent par l'organisation de prestigieux événements sportifs, dans de nombreux domaines différents.

J'évoquais les concours cyclistes et hippiques, on peut également citer les courses de chevaux-vapeur telles que le Bol d'or à moto, et la mythique épreuve des 24 Heures du Mans. Cette compétition est au demeurant considérée comme l'une des trois courses les plus prestigieuses au monde, avec le Grand Prix de Formule 1 de Monaco et les 500 miles d'Indianapolis, aux États-Unis.

Roland-Garros, tournoi de tennis centenaire, dont la victoire finale échappe malheureusement trop souvent aux Français, représente un autre exemple du savoir-faire événementiel de l'ancienne Gaule.

Et évidemment, comment ne pas citer le Championnat du monde de pétanque ?

Je plaisante, naturellement. Malgré tout, la passion des Gaulois pour « les boules » est belle et bien réelle. Il suffit d'observer les si nombreux terrains de l'Hexagone, investis par ce jeu si franchouillard, pour s'en rendre compte.

Lève le doigt le Français qui n'a jamais un jour « taquiné le cochonnet » ?

L'histoire de la pétanque remonte aux plus anciennes civilisations antiques, mais c'est un certain Jules dit « Lenoir », originaire de la ville de La Ciotat dans le sud de la France, qui aurait en 1908 défini les règles du jeu, telles qu'on les connaît aujourd'hui.

Pour l'anecdote, le mot pétanque vient du patois « *pés tanqués* », signifiant : pieds joints, position à adopter au moment de lancer votre boule.

Il n'y a peut-être que la pêche pour rivaliser avec la pétanque dans le cœur des Français.

Avec son million et demi de licenciés, elle est tout simplement la deuxième fédération sportive hexagonale en nombre d'adhérents, juste après celle du football.

On pourrait penser que la pêche est avant tout courtisée par les seniors, mais détrompez-vous, un quart des affiliés a moins de 25 ans. Une passion discrète qui rapporte cependant plus de deux milliards d'euros à l'économie gauloise...

La France est de surcroît l'unique pays du globe terrestre à avoir des élus se présentant sous l'étiquette politique : Chasse, pêche, nature et traditions.

Des traditions fondamentalement françaises !

Entre les boules et la pêche, comment voulez-vous que les étrangers ne se moquent pas des Gaulois, au regard de leur « passion » pour le sport ? !

Et pourtant, à chaque édition des Jeux olympiques, tant d'athlètes gaulois s'illustrent magnifiquement. Certes souvent dans des sports moins médiatisés, tels que le tir à l'arc, l'aviron, le canoë-kayak, le BMX ou l'escrime. Mais ce sont de légitimes raisons de bomber le torse.

Et si la France gagne, c'est aussi bien souvent grâce à ses sportifs « issus des minorités ».

Le tennisman Yannick Noah, dont le père était camerounais, est le dernier Français à avoir remporté le prestigieux tournoi de Roland-Garros.

Zinédine Zidane, dont les parents sont d'origine algérienne, fut l'un des artisans majeurs de l'épopée des Bleus de 1998.

Teddy Riner, natif de la Guadeloupe, est considéré comme le meilleur judoka de tous les temps.

Et tant d'autres exemples... Tant d'autres que certains ont trouvé utile d'instituer des quotas dans les centres de formation et les écoles de football, avec pour principal objectif : limiter le nombre de joueurs français de type africain et nord-africain, trop nombreux à leur goût.

En d'autres mots et pour parler crûment : moins de Noirs et d'Arabes sur les terrains gaulois.

Un scandale éthique et ethnique, totalement discriminatoire et tout simplement honteux.

Aux États-Unis, il y a des quotas dans les universités, afin d'accorder plus d'opportunités aux étudiants issus des minorités.
En France, nous avons eu l'idée d'accomplir exactement le contraire !

Au demeurant, nous n'en sommes pas à un paradoxe près... affectionnant particulièrement les numéros 2.

L'exemple le plus représentatif est celui du culte voué au cycliste Raymond Poulidor, dit « Poupou ».
Le sportif connut une popularité exceptionnelle malgré son statut d'éternel deuxième sur le Tour de France, épreuve qu'il n'a jamais gagnée, mais dont il détient le record de podiums.
On va jusqu'à parler d'une poupoularité !
Le plus étrange est que soixante ans après, le mythe continue, comme s'il était intemporel.
Lors d'un récent sondage publié par un quotidien français de renom, pour la plupart des personnes interrogées, Raymond Poulidor est le cycliste hexagonal qui a le plus marqué l'histoire de la « Grande Boucle », devançant les quintuples vainqueurs de l'épreuve, Jacques Anquetil et Bernard Hinault.
Ce qui a fait déclarer à ce dernier, rendu quelque peu amer par le surprenant résultat de la consultation : « En

fait, pour être populaire, il vaut mieux ne pas gagner le Tour de France ! »

En 1984, John McEnroe et le joueur d'origine tchèque Ivan Lendl ont joué à Roland-Garros l'une des finales les plus épiques de l'histoire du tennis. Alors que la légende américaine se dirigeait vers un premier sacre sur l'ocre de la porte d'Auteuil, à la suite du gain des deux premiers sets, les spectateurs se mirent soudainement à encourager Lendl, joueur qui de surcroît n'avait jamais vraiment eu les faveurs du public, loin s'en faut.

Le soutien fut d'une telle ampleur qu'il galvanisa complètement le Tchèque (nationalisé américain depuis), au point qu'il remporta la partie, contre toute attente.

Plusieurs années après, l'Espagnol Rafael Nadal, maintes fois vainqueur du tournoi, fut victime d'un identique syndrome. Le public parisien se mit à supporter sans commune mesure son adversaire du jour, le Suédois Söderling, joueur pourtant peu connu, au point que celui-ci terrassa le champion ibérique, après un homérique combat.

On parle du syndrome de Stockholm pour les otages qui tombent amoureux de leurs ravisseurs. Y aurait-il un syndrome français pour ceux qui tombent amoureux des perdants ?

En France, nous sommes capables de tout...

Il y a quelques décennies, sous l'impulsion de l'homme d'affaires Bernard Tapie, l'Olympique de Marseille rafla tout sur son passage, y compris et pour la première fois la coupe d'Europe tant convoitée (et inventée par des

Français !). Avant de se faire rattraper par la patrouille anticorruption, pour une sombre histoire de match acheté et d'argent caché dans un jardin. Cela précipita la chute du seul club hexagonal qui gagnait enfin, et envoya son président à la case prison. Quel gâchis !

En 2018, les Français se sont à nouveau illustrés, en remportant la Coupe du monde de football qui se déroulait en Russie. Pourtant, le jeu pratiqué par « les Bleus », supposément peu spectaculaire et très défensif, n'a jamais été autant critiqué... avant tout par leurs compatriotes !

Il faudrait une longue psychanalyse pour expliquer ces étonnantes réactions propres à l'Hexagone. Mais comment mettre un pays sur un divan ?!

Dans les années quatre-vingt-dix, au moment où le football français était au plus bas, on disait ironiquement qu'il allait tellement mal que seul un club étranger, en l'occurrence Monaco, pouvait remporter le championnat de France.

Et toujours pour Monaco, on dit avec médisance qu'à l'inverse des autres équipes, c'est l'unique club où les joueurs connaissent le nom de leurs supporters !

Le rire est vraisemblablement la meilleure des thérapies.

Un carreau en action lors d'une partie de pétanque,
ce jeu tant aimé des Français.

Les chers voisins de l'Hexagone

Ce chapitre peut être considéré comme polémique (comme d'autres chapitres, d'ailleurs), puisque mon propos sera forcément basé sur de nombreuses généralités.

Si j'affirme « les Français aiment bien les Belges », il y aura immanquablement quelqu'un qui rectifiera : « Oui, mais pas tous ». Tous les Français n'aiment pas tous les Belges.

Par conséquent, je vous prie d'excuser à l'avance ces multiples et honteuses généralités, qui seront néanmoins la base de mon propos.

Après quoi, si l'on se contentait d'écrire ou de citer des faits dont l'exactitude ne fait aucun doute, on n'écrirait et ne dirait plus grand-chose !

En d'autres mots, il ne faut pas avoir peur de jeter des pavés dans la mare, mais aussi en assumer les conséquences. Et puis, quand on est français, on possède un certain ADN de rebelle et de provocateur, c'est génétique, que voulez-vous...

Préambule acquitté, oui, les Français aiment bien les Belges !

Ils les aiment, parce qu'ils apprécient leur gentillesse, leur spontanéité et peut-être même leur innocence et leur candeur. Et c'est précisément cette innocence, candeur, voire naïveté, qui est la base des histoires belges, dont les Gaulois raffolent tant.

S'il n'y a plus de sous-marins en Belgique, c'est à cause des journées portes ouvertes. Quarante Belges sont restés bloqués pendant cinq heures parce qu'un escalator était tombé en panne. Voilà des exemples de cette moquerie française, parfois un peu cruelle, mais souvent bienveillante.

Le dicton « qui aime bien châtie bien » s'applique à merveille pour décrire ce que pensent les Gaulois de « leurs amis les Belges ». En outre, cette expression très usitée dans l'Hexagone est généralement mal perçue dans le plat pays. On y perçoit de la condescendance envers ce « petit voisin ». Certains y voient aussi une similitude avec l'expression « nos amis les bêtes ».

Quand les Hexagonaux parlent des petits Belges, on imagine que c'est encore pire. Et si vous ajoutez à cela qu'une grande partie de la population mondiale pense que Jacques Brel et Stromae sont français, vous comprendrez que du côté de notre voisin du nord, on peut éprouver une certaine amertume...

Pour résumer mon propos, les Français aiment bien les Belges, mais la réciproque n'est peut-être pas aussi évidente, et on peut aisément comprendre pourquoi...

D'autant plus que nous avons aussi la fâcheuse tendance à systématiquement associer les frites aux habitants du plat pays, alors que ce sont les Français qui les ont inventées !

La pomme de terre frite telle qu'on la connaît actuellement, celle qui est plongée dans de la graisse (de préférence par deux fois), est un produit né dans les rues de Paris, et cité au sein des livres de recettes hexagonaux d'il y a deux siècles.

De surcroît, en amont, c'est à la ténacité du pharmacien Antoine Augustin Parmentier, que nous devons la promotion de la pomme de terre dès le XVIIIe siècle.

Et dans les pays anglo-saxons, on parle de *french fries* et non de *belgian fries* !

À ce sujet, plusieurs théories s'affrontent sur l'origine du terme. La première est justement et une nouvelle fois née de la confusion entre Belges et Français. Pendant la Seconde Guerre mondiale, les Américains auraient rencontré des soldats belges qui leur auraient fait découvrir leurs frites (ne soyez pas mal pensant, on parle toujours d'aliments). Pensant qu'ils étaient français, les GI's sont rentrés au pays de l'oncle Sam avec en mémoire l'expérience des « *french fries* ».

Selon une autre hypothèse, en 1802, le président des États-Unis, Thomas Jefferson, grand amateur de cuisine gauloise, aurait demandé qu'on lui serve des patates à la « *french manner* ». Expression reprise par la suite par ses concitoyens.

Sachez toutefois que les premiers exportateurs de frites au monde sont belges.

Il n'y a pas de fumée sans feu... Parole de Gaulois !

Quand je suis arrivé à Paris, fraîchement débarqué de « mon Sud », le premier ami que j'ai eu venait de Lille, les opposés s'attirant.

Le nord de la France est proche de la Belgique, et il déteint forcément sur ses ressortissants. À titre d'exemple, à l'inverse des Français, les Belges prononcent le « W ». Ainsi, ils disent Waterloo et non Vaterloo ou encore Wallon et non Vallon.

Un samedi soir, avec mon nouvel ami, nous eûmes le projet de nous rendre sur les Champs-Élysées, jouissant du privilège de vivre dans la ville où ils se situent.

Le Lillois m'avait donné rendez-vous à côté de l'Arc de triomphe, au niveau de l'avenue de Wagram, mais prononcé « à la nordiste » avec un W, comme il se doit. Après de longues minutes passées à tourner tel un satellite autour de la Place de l'Étoile, apprenant par cœur les noms des rues et boulevards qui s'y rejoignent, je réalisai que l'avenue de Wagram était en fait l'avenue de Vagram, prononcée à la gauloise... et que mon ami était bien du nord de la France !

La relation des Français avec leurs voisins anglais est un petit peu plus complexe, et c'est un doux euphémisme que de l'affirmer.

Le ton est déjà donné avec les « sympathiques » sobriquets dont nous nous affublons respectivement : *Froggies*, car selon les Britanniques, les Gaulois adorent les cuisses de batraciens, qui leur font horreur, contre rosbifs.

Pour ce dernier surnom, plusieurs explications existent. La plus connue fait allusion à la couleur de peau écarlate des Anglais, lorsqu'ils sont exposés à un soleil auquel ils sont si peu habitués. Une autre est culinaire, une fois n'est pas coutume. Le bœuf rôti (*roastbeef*) est une invention anglaise datant du XIIIe siècle, à une époque où la viande était encore consommée bouillie en France. Ce qui a conduit à assimiler les Britanniques à leur plat de prédilection. On remarquera que le mot s'est francisé avec le temps pour devenir rosbif.

L'Angleterre est parfois surnommée péjorativement « la perfide Albion ». L'expression aurait été prononcée pour la première fois par l'homme d'Église et écrivain Jacques-Bénigne Bossuet au XVIIe siècle, considérant que le gouvernement du voisin outre-Manche était régulièrement de mauvaise foi.
L'Albion (qui vient du latin *albus* signifiant blanc) aurait quant à lui plusieurs origines. L'une d'entre elles est géologique, puisque c'est un rappel des falaises blanches, caractéristiques de la côte sud de l'Angleterre et aperçues en venant de France. Après tout, l'allusion à la couleur de peau écarlate des Anglais n'est pas si illégitime...
Mais Albion est aussi le nom latin de Grande-Bretagne.

On parle également « d'ennemi héréditaire » de part et d'autre de la Manche. Historiquement, ce n'est pas injustifié au regard des nombreux conflits auxquels se sont livrés les deux pays, dont l'un a duré presque cent ans. La dénommée « guerre de Cent Ans » est par ailleurs considérée comme le début de leur antagonisme militaire.

On ne s'est jamais réellement compris, avec les Anglais, et ce n'est pas uniquement dû à une différence linguistique.

Nous avons coupé la tête de nos rois, alors qu'ils les vénèrent encore. Les Français ont combattu aux côtés des insurgés américains contre le colon britannique. Nous nous sommes si souvent affrontés pour « nous partager le monde ». Les Gaulois sont à l'origine de l'Europe, alors que les Britanniques sont les premiers à en claquer la porte. Ils ont brûlé vive notre plus authentique héroïne, Jeanne d'Arc. Nous ne concevrons jamais comment on peut mettre de la gelée dans une entrée ou un plat de résistance. Et j'ose à peine aborder les rivalités sportives.

Tel un symbole de cet antagonisme récurrent, l'homme politique Georges Clemenceau qui a un jour déclaré, non sans ironie : « *Qu'est-ce que l'Angleterre ? Une colonie française qui a mal tourné.* »

À l'inverse, le francophile, francophone et comédien britannique Peter Ustinov a prononcé cette magnifique phrase : « *Les Français et les Anglais étaient de si bons ennemis qu'ils ne peuvent s'empêcher d'être des amis.* »

Et c'est assurément cela qu'il faut retenir, car dans cette rivalité historique, il y a en tout état de cause de notables preuves de coopération et d'intérêts mutuels.

Pendant la Seconde Guerre mondiale, l'Angleterre est devenue l'antichambre de la résistance française. Et c'est au côté des Britanniques que les Américains ont débarqué sur les plages de Normandie pour libérer la France.

Nous avons construit ensemble un magnifique avion supersonique, et un gigantesque tunnel sous la Manche.

Les Français ont choisi Londres comme première terre d'expatriation (ce qui sans doute changera à terme avec les effets du Brexit), et les touristes britanniques sont parmi les plus nombreux dans notre Hexagone.

En résumé, c'est l'expression « je t'aime, moi non plus » qui synthétise le mieux la relation entre Britanniques et Gaulois.

Nettement plus au sud, une chaîne de montagnes nous sépare des Ibériques... mais aussi, elle nous unit !

Les Pyrénées sont absolument représentatives de la relation entre Français et Espagnols. Souvent si loin, et pourtant si proches.

C'est notamment le traité des Pyrénées qui mit fin au premier conflit entre les deux pays, issu de la guerre de Trente Ans. Dans cette bataille aux origines religieuses qui embrasa l'Europe au XVIIe siècle, Ibériques et Gaulois s'affrontèrent principalement non pas sur leurs terres, mais aux Pays-Bas !

Un an après la signature du traité, Louis XIV épousa en grande pompe et ironie du sort au pied de la chaîne de montagnes des Pyrénées, à Saint-Jean-de-Luz, l'infante d'Espagne et accessoirement sa cousine germaine. En guise de dot, la France récupéra le Roussillon, l'Artois (aujourd'hui le département du Pas-de-Calais) et une partie de la Lorraine restitués par le royaume d'Espagne !

Le cardinal Mazarin, à la manœuvre à cette époque, avait habilement négocié...

Quelques années plus tard, Louis XIV (encore lui) profita d'une nouvelle guerre de succession outre-Pyrénées pour se mêler au conflit et installer sur le trône d'Espagne son petit-fils, le duc d'Anjou.

Pour conclure cet aparté historique et avant de devenir le Stéphane Bern de la « littérature humoristique », le dernier antagonisme entre les deux pays est merveilleusement illustré dans le tableau de Francisco de Goya, *Tres de mayo,* que l'on peut admirer au musée du Prado à Madrid. Il dépeint une fusillade de rebelles par les troupes napoléoniennes, suite au soulèvement anti-gaulois du 2 mai 1808. Époque où l'empereur français profita de l'instabilité politique de la péninsule pour expédier son grand frère Joseph (rebaptisé « *Pepe botella* » par les Ibères tant il aimait, paraît-il, la boisson alcoolisée) régner sur le royaume.

Trois conflits ont donc jalonné l'histoire de ces deux pays. C'est somme toute si peu, pour des voisins dans une Europe où les nations n'ont jamais cessé de se faire la guerre.

Ce sont davantage les marques de coopération qui illustrent l'histoire conjointe des Espagnols et des Français.
Pendant leur guerre civile, nombre d'Ibériques républicains sont venus trouver refuge dans le pays frontalier. En pleine dictature franquiste, les Espagnols ont entrevu en leur voisin du nord une terre plus propice pour se procurer un travail.
Résultat : qui n'a pas en France dans ses connaissances un Garcia, Fernandez, Lopez ou Sanchez ?

Les Français admirent chez leurs voisins espagnols leur style de vie épicurien qui ressemble au leur. *Fiesta, comida, bebida* : les deux peuples possèdent des valeurs communes, et c'est probablement aussi pour cela que l'Espagne est la destination favorite des vacanciers hexagonaux. La réciproque est vraie puisque les Ibériques partent aussi majoritairement en vacances en France. Les deux pays étant, d'autre part, les deux plus visités de notre planète.

Il reste pourtant quelques zones de friction. Les Ibériques sont de redoutables concurrents en matière d'agriculture. Certains restaurants huppés espagnols n'ont rien à envier à leurs homologues gaulois. Les pêcheurs de la péninsule et hexagonaux se livrent sans cesse de petites guerres. Et le cava de la Catalogne marche sur les plates-bandes des champagnes bon marché...

Avec les revendications indépendantistes catalanes continuellement plus actives, puis basques dans une moindre mesure, l'Espagne a un crucial défi géopolitique à relever dans les prochaines années. Mais la Catalogne et le Pays basque ne sont pas uniquement en Espagne...

Nul doute que la France sera également concernée par ce qu'il adviendra de l'autre côté des Pyrénées. C'est l'unité de ces deux nations qui est en jeu !

Vivant en Espagne depuis vingt ans, j'avais tellement d'histoires à raconter sur le pays et tant d'anecdotes à partager que j'en ai profité pour écrire un livre.

J'ai toutefois omis de conter cette autre anecdote sur les confusions générées par les défauts de prononciation, qui sont cette fois-ci dans le sens français-espagnol.

Les concierges sont éternellement présents dans les vieux immeubles de la capitale ibérique. Le concierge (que l'on appelle en espagnol « *portero* » pour portier) du premier appartement où j'ai vécu à Madrid répondait au doux nom de Ramon. Une excellente personne, toujours prête à rendre service.

Il se trouve que j'ai rebaptisé durant de longues semaines Ramon en Jamon, qui certes se prononce presque d'une façon identique, mais qui ne possède pas tout à fait la même signification.

En d'autres termes, j'ai surnommé Jambon quelqu'un qui s'appelait Raymond !

Jusqu'à ce qu'un ami franco-espagnol, me raccompagnant à mon appartement alors que nous avions croisé puis salué le concierge, m'interpelle en ces mots :

— Tu sais que tu viens de l'appeler jambon ?

Le providentiel ami me rappela la nécessité de bien rouler les « r » afin de prononcer convenablement ce prénom, et éviter ainsi un périlleux contresens.

Et comme le Ramon en question était une si adorable personne, il n'avait jamais osé me faire la remarque auparavant...

Jean Cocteau a un jour déclaré : « *Les Italiens sont des Français de bonne humeur* ».

On peut contester cette perception négative des Français sur leur « bonne ou mauvaise » humeur, mais la vision de Cocteau sur la similitude des deux peuples mérite réflexion.

Il faut aussi dire que nous avons tant en commun avec les Transalpins. Les racines de notre langue, l'amour des belles choses, des bonnes choses également, et singulièrement une si longue histoire commune.

En France, Jules César est aussi connu que Vercingétorix. Napoléon III a davantage de noms de rue dans « la Botte » que dans l'Hexagone. L'Italien Garibaldi est également considéré comme un héros en France. Le pays niçois et la Savoie ne sont français que depuis 1860, la Provence doit son nom aux Transalpins, pour avoir été si longtemps l'une de leurs provinces. Le pont du Gard, Vaison-la-Romaine, la Maison Carrée de Nîmes, les arènes de Lutèce à Paris, la porte de Mars à Reims, le théâtre antique d'Orange : les Romains ont laissé tant de traces de leur passage en Gaule qu'on parlerait presque d'une autre Italie.

Et puis, les Italiens font tellement rire les Gaulois, grâce à leur façon d'être, leur « bagout », et leur apparence si soignée.

Lors d'un voyage en Lombardie, tout juste atterri à l'aéroport de Malpensa près de Milan (Malpensa le bien nommé, tant il est loin de la ville), la vision du marshaller chargé de guider l'aéronef jusqu'au terminal me fit rire aux éclats. Lunettes Ray-Ban, cache-col Armani et barbe de trois jours magnifiquement taillée : pas de doute, j'étais effectivement arrivé en Italie !

Il y a indéniablement une fascination française pour le pays de la commedia dell'arte, de la *dolce vita*, de la Scala, de Venise, de Rome, mais aussi de la mafia, des combines et du système D. Et puis, comme évoqué dans le chapitre sur l'amour, Silvio Berlusconi aurait pu parfaitement être un président que les Français auraient aimé avoir !

Nous les surnommons affectueusement « ritals » et un peu moins délicatement « macaronis » ou « spaghetti ».

Pour l'anecdote, selon certains historiens, le mot rital viendrait de résident/réfugié italien, écrit R-Ital sur les documents des émigrés transalpins arrivés en France au début du XXe siècle. D'après une autre source, rital devrait son origine aux inscriptions sur les trains où voyageaient les Italiens rapatriés dans les années vingt : rapatriés italiens.

Peu rancuniers et nettement plus élégamment, les Transalpins emploient l'expression « nos cousins français » pour définir leurs voisins du nord.

Si la France fut envahie par la Rome antique il y a deux mille ans, de nombreuses autres vagues d'immigration italienne se sont enchaînées depuis. D'abord au Moyen Âge puis pendant la Renaissance, mais particulièrement à partir de la seconde moitié du XIXe siècle. La France manquant de main d'œuvre pour soutenir sa croissance, et ne pouvant compter sur les pays limitrophes comme la Belgique, la Suisse ou l'Allemagne, également demandeurs d'expatriés, les Italiens étaient les bienvenus. Les vagues d'émigration transalpine vers l'Hexagone se sont ainsi succédé pendant le XXe siècle, au gré des aléas économiques et aussi politiques, le fascisme ayant fait fuir un nombre considérable de ressortissants.

Aujourd'hui, la population française d'ascendance italienne est estimée à quelque quatre millions de personnes ! Je pose la même question que pour les Gaulois d'origine espagnole : en France, qui n'a pas un ami ayant des ancêtres transalpins ?

Et pour finir sur ce sujet, citons cette anecdote un peu moqueuse, sur un valeureux guerrier italien à qui on ordonnait d'aller « à la *baioneta* » et qui répondait : « Non, non, pas à la *baioneta*, à la *camioneta* » !

Remontons un peu plus au nord pour évoquer la Suisse, ou plutôt les Suisses, puisqu'il y en a plusieurs.
Mais c'est bien la Suisse romande que les Français connaissent le mieux, connivence de langage oblige.

Un journaliste germanophone a un jour écrit : « Ce qui sépare les Allemands des Autrichiens, c'est qu'ils parlent la même langue ». Une boutade similaire s'appliquerait presque aux Français et Suisses, tant ils ont si peu en commun.

Alors que le Gaulois est un rebelle né, face à son gouvernement ou son administration, le Suisse est discipliné et fait pleinement confiance à ses élus.

Dans la Confédération, on peut licencier un employé sans motif. La semaine de travail en Suisse est de quarante-deux heures, pour cinq semaines de vacances. Les Helvètes entament leur journée à 7 h pour l'achever à 17 h, et il est mal vu de rester après : cela signifie que la personne est inefficace dans son travail.

De toute évidence, en France, nous possédons une autre vision des choses...

Dans la Confédération, il n'y a pas de médecine du travail, pas de délégués, ni de comité d'entreprise, pas de remboursement des forfaits de transport, ni de tickets restaurant. En Suisse, les sociétés de sécurité sociale sont privées, il n'y a pas de parité hommes-femmes dans la vie politique et le service militaire est obligatoire pour les hommes.

Quand je vous dis que les Français sont plutôt confortablement lotis !

Les Helvètes sont considérablement patriotes. Autour de leur maison, on trouve fréquemment un drapeau suisse et parfois aussi des nains de jardin (les deux objets n'ayant rien à voir l'un avec l'autre).

Si en France, le nain de jardin est toléré, le drapeau tricolore, lui, est perçu comme un symbole fasciste !

Dans la Confédération, pas besoin de composter son billet, et des referendums sont organisés sur des sujets surprenants tels que la présence des minarets, l'accord de libre-échange avec la Bulgarie et la Roumanie, ou le financement de l'assurance invalidité.

Alors, convaincu que nous n'avons pas grand-chose en commun avec nos amis suisses ?

De plus, nous les énervons quelque peu ces dernières années, à cause d'une arrivée massive d'expatriés gaulois, venus trouver chez leurs voisins un travail que leur pays de naissance n'est parfois plus en mesure de leur offrir.

Pour contrer cette concurrence, on constate une recrudescence de mentions « Suisse et résidence suisse » dans les critères de sélection d'annonces d'emploi du côté du lac Léman.

Selon certaines sources, un sentiment anti-français est singulièrement palpable. Les Suisses affubleraient même les Hexagonaux des sobriquets Frouzes ou Shadoks.

Je rappelle que les Shadoks sont ces bestioles quelque peu limitées intellectuellement, issues d'une série de télévision mythique des années soixante-dix...

Et les Français leur rendent bien la pareille, fustigeant la supposée lenteur des Helvètes et leur associant systématiquement les stéréotypes de banquier, horloger, fondue, couteau ou encore chocolat !

Pour le chocolat, le géant Nestlé dont le siège est en Suisse y est certainement pour quelque chose. Les entreprises hexagonales ont aussi abondamment usé de la marque « suisse », parfois sans qu'il y ait un quelconque rapport avec le pays.

Les 3 Suisses sont connus pour être un catalogue de vente par correspondance, traversant les générations et édité dans le nord de la France. Et le petit-suisse est un délicieux fromage frais... élaboré en Normandie !

Il est intéressant de souligner que « couteau suisse » est devenu dans l'Hexagone le synonyme d'une personne pluridisciplinaire sachant tout faire !

Pour clore ce chapitre sur ce que pensent les Français des autres nations, limités aux grands pays frontaliers, faute de quoi il faudrait un nouveau livre et aussi parce que si je continue, je ne vais pas me faire que des amis, évoquons l'Allemagne.

À l'aube du troisième millénaire, le puissant voisin de l'est est probablement le pays le plus proche de la France.

On va même jusqu'à parler d'un « couple franco-allemand ».

On ne compte plus les exemples de coopération entre les deux pays, de la construction de l'Europe aux assemblages des avions Airbus et bientôt des trains à grande vitesse. Nous avons même créé conjointement une chaîne de télévision culturelle (Arte) et un Office de coopération pour la jeunesse (OFAJ). Le 22 janvier, date anniversaire du traité de l'Élysée de 1963 scellant la réconciliation, est désormais consacré : journée franco-allemande.

Quel chemin parcouru, pour ces ennemis d'antan, et on ne peut que s'en féliciter.

La France s'est passionnée pour les événements qui ont provoqué la chute du mur de Berlin et la réunification du pays. Cela a indéniablement augmenté le capital sympathie des Allemands pour les Gaulois. Autre paradoxe de l'Histoire !

L'Allemagne, c'est le modèle économique de la France. Son premier partenaire commercial, son premier fournisseur et aussi son premier client. Quand l'Allemagne tousse, la France se grippe et si les Germains vont bien, les Hexagonaux se portent à merveille.

Le *made in Germany* fait couramment recette chez les Hexagonaux. Qu'ils s'habillent en Adidas, Puma ou Hugo

Boss, qu'ils prennent soin de leur corps avec des crèmes Nivea, ou rêvent de berlines Mercedes, BMW ou Porsche.

Berlin est vu par beaucoup de jeunes Français comme une ville « branchée », un carrefour culturel de l'Europe, mais aussi le parfait endroit pour monter son entreprise. Les entrepreneurs hexagonaux sont chaque fois plus nombreux à s'expatrier dans la capitale germanique, afin d'y monter leur start-up.

Les Français admirent chez leurs voisins de l'est l'organisation, l'ordre, la discipline, le civisme, la ponctualité. Ce qui leur fait parfois défaut, mais aussi ce qu'ils détestent le plus souvent...

Pourtant, peut-on parler du pays idéal, rêvé, parfait ?

Peut-être pas...

En France, il y a certes une admiration et un profond respect pour la nation germanique, mais le pays de Goethe n'est pas celui que l'on va prendre familièrement sous le bras...

Alors qu'il existe une véritable proximité de style de vie avec les Italiens et Espagnols, à l'égard des Allemands, c'est un peu différent.

Les Français restent des Latins à la culture frivole, libertine, parfois indisciplinée, désordonnée, et si éloignée des standards germaniques.

Et puis nous avons souvent tant de mal à nous comprendre...

Quand on pense que certaines personnalités allemandes éclaboussées par des affaires d'évasion fiscale se dénoncent elles-mêmes. Tel fut le cas du président du

Bayern Munich, Uli Hoeness, qui après avoir remboursé une partie de la somme détournée, s'est lui-même rendu en prison !

Dans l'Hexagone, on reste extrêmement loin du compte...

Le « dieselgate » de Volkswagen a certes démontré que l'éthique germanique n'était pas exempte de tout reproche. Néanmoins, la réaction du groupe industriel fut admirable, avec la démission immédiate des principaux dirigeants, et le règlement rubis sur l'ongle de l'amende.

Les circonstances sont certes distinctes, mais à pareille époque, l'ancien de PDG de Renault-Nissan fut accusé au Japon d'omission de déclaration de revenus et d'abus de confiance. Trompant la vigilance de ses gardes, il prit la fuite sous une identité fictive et par avion privé, après une rocambolesque évasion digne d'un film de James Bond, pour atterrir au Liban.

Le sens de l'humour entre Gaulois et Germains n'est pas non plus tout à fait similaire. Alors que les blagues gauloises sont majoritairement basées sur la moquerie des autres, les Allemands vont plutôt rire d'eux-mêmes ou d'un comique de situation.

En 2006, une campagne publicitaire de la compagnie aérienne Air Berlin avait fait sensation, proposant des billets défiant toute concurrence, accompagnés du slogan : « Nous ne plaisantons pas, nous sommes allemands ».

Quel sens de l'autodérision !

Et puisque nous sommes dans l'autodérision, restons-y, sachant que nos amis allemands ne nous en voudront pas, pour vous conter cette anecdote qui s'avère véridique.

Un jeune enfant découvrant son cadeau de Noël était inconsolable. Son grand-père, chargé de jouer les pères Noël pour l'occasion, tout ému de la réaction de son petit-fils, ne saisissait pas les causes de sa tristesse.

Son fils le prit à part pour lui expliquer qu'il avait acheté le livre *Mein Kampf*, alors que son enfant rêvait du jeu *Minecraft*.

Les mots sonnaient certes quasiment de la même façon, cependant pour un résultat ô combien distinct...

Principal objet de friction entre Français et Belges.
Si l'on en reste là, personne ne se plaindra !

LEXIQUE

En conclusion de ce livre, je vous propose un lexique, quelque peu atypique et surtout particulièrement taquin. Ne m'en veuillez pas, c'est juste pour rire !

A.

Armagnac

Eau-de-vie qui réanimerait un mort.

Angleterre

« *Colonie française qui a mal tourné* » (George Clemenceau)

À table !

Interjection préférée des Français. Dans l'Hexagone, on passe plus de temps à manger que dans n'importe quel autre pays au monde.
Trop manger est un péché, c'est ce que beaucoup de gourmands disent.

B.

Badass

Mot employé de nos jours par la jeunesse française, pour décrire une personne suscitant l'admiration, alors que son origine étymologique anglaise (*bad* : mauvais ; *ass* : cul) signifie plutôt le contraire.

Bikini

L'une des plus belles inventions gauloises, et notablement des plus admirées.

Bras

Partie du corps humain qui étrangement prend une certaine valeur marchande, dans le contexte d'une expression populaire française. Exemple : « Ces lunettes m'ont coûté un bras ».

Bronzés (les)

Personnes ayant la peau hâlée, mais pour la plupart des Français, c'est d'abord un film culte dont ils connaissent par cœur toutes les répliques.

C.

Cécile de France

Actrice belge comme son nom ne l'indique pas.

Champagne

Mot français si prononcé le 31 décembre qu'il pourrait être l'équivalent de « bonne année » en langage universel.

Cloclo

Surnom de Claude François, vedette de la chanson française disparue il y a plus de quarante ans, qui continue néanmoins à hanter les pistes de danse de l'Hexagone, sous le regard ébahi des étrangers.

Chic-ouf

Néologisme très usité par les grands-parents : « Chic les petits-enfants débarquent, ouf ils s'en vont ».

Coude (levage de)

Mouvement corporel préféré des Gaulois.

Coq

Emblème de l'ancienne Gaule grâce, entre autres, à son étonnante faculté de continuer à chanter, même en fâcheuse posture.

D.

Dakar (le)

Rallye inventé par les Français et qui se déroule partout, sauf à Dakar.

De Gaulle (Charles)

Avant d'être un aéroport, une prestigieuse avenue et une place parisienne, ainsi qu'un porte-avions, fut un grand homme d'État français.

E.

Eau

Liquide que les Français n'aiment pas beaucoup ingurgiter, et encore moins mettre dans leur vin.

Exception (l') culturelle française

Expression qui peut être comprise comme : la culture française est exceptionnelle. Cependant, comme les Français ne sont absolument pas arrogants, aucune équivoque possible.

F.

Faure (Félix)

Chef d'État français qui a perdu sa connaissance, car elle s'était enfuie par l'escalier de service.

Français (le)

Langue qui requiert de mettre sa bouche en cœur afin de bien la prononcer.

France

Pays ingouvernable, car ayant trop de variétés de fromage (Charles de Gaulle).

French kiss

Noble expression anglo-saxonne pour désigner un baiser langoureux. Dans le sud de la France, la locution a quelque peu perdu de sa noblesse, puisque l'on parle davantage d'une « soupe de langues ».

G.

Gaulois

Ancêtres des Français, mais aussi des Algériens, Sénégalais, Camerounais, Martiniquais, Réunionnais, Guyanais, Tahitiens, etc. selon les manuels d'histoire jadis distribués dans les écoles.

Gilet jaune

Vêtement passé de l'obscurité du coffre d'une voiture à la lumière des médias, grâce au génie contestataire français.

Grave

Mot qui a perdu sa définition d'origine (sérieux, triste) en devenant un tic de langage des jeunes aux multiples significations. Exemple : « Hier, j'ai grave bu, et aujourd'hui, j'ai mal de tête grave ».

Grève

Mot qui doit son origine au nom d'une place parisienne, où les ouvriers sans travail se réunissaient pour se faire embaucher.
De toute évidence, l'origine du mot est aux antipodes de sa signification actuelle...

Gros

Interpellation marseillaise n'ayant rien à voir avec la morphologie de la personne interpellée. Exemple : « Oh, gros, tu manges vraiment rien ».

H.

Hollande

Communément appelé « l'autre pays du fromage » en France, pour rappeler à juste titre que cette dernière demeure la première nation fromagère au monde.

I.

Italien

« *Français de bonne humeur* » (Jean Cocteau)

J.

Jeux olympiques

Géniale invention de la Grèce antique tout aussi génialement relookée par un Gaulois.

Johnny Hallyday

Demi-dieu français, cependant d'origine belge.

K.

Kiffer

Mot très employé par les jeunes Hexagonaux, signifiant que l'on aime quelque chose ou quelqu'un. Dérivé du mot arabe kif qui veut dire amusement. Exemple : « J'ai kiffé mon coiffeur grave pour la coupe de cheveux qu'il m'a faite ».

L.

Lafayette (marquis de)

Avant d'être davantage connu pour ses Galeries, fut un homme politique vénéré par les Américains, grâce à son rôle joué pendant la guerre d'indépendance.
L'homme est nettement moins idolâtré par les Britanniques...

Love

Plus beau mot de la langue anglaise, mais dont l'origine est bien française (et toc !).

M.

Magret de canard

Succulent plat qui peut devenir une insulte lorsqu'il est prononcé avec un accent étranger.

Marseillaise (la)

Hymne français conçu à Strasbourg par un poète originaire du Jura durant une guerre contre l'Autriche et pour l'armée du Rhin. Si loin des cigales et de la Méditerranée...

Merde

Juron favori des Gaulois, qui paradoxalement est aussi employé pour souhaiter bonne chance à quelqu'un.

Michelin

Entreprise hexagonale davantage connue pour le guide gastronomique qu'elle édite que pour les pneumatiques qu'elle fabrique et dont elle est le leader mondial.
À l'image des priorités et préférences françaises...

#

Oh là là !

Autre interjection favorite des Français, mais aussi des étrangers en France quand ils essayent de parler la langue locale.

P.

Patate

Légume qui permet aux Français d'être présents au menu de restaurants anglo-saxons (*french fries*) et qui garnit également les conversations dans l'Hexagone : « J'en ai gros sur la patate », « J'ai la patate », « Quelle patate, ce type », « On se refile la patate chaude », etc.

Paris

Mondialement baptisée *ville de l'amour*, alors qu'une partie considérable de ses habitants est constituée de couples divorcés.

Pêche (la)

Deuxième fédération sportive (j'ai bien écrit sportive) française en nombre d'adhérents. Sans autre commentaire.

Pécho

Plus ou moins l'équivalent du mot flirter d'il y a soixante ans.

Pétanque

« Sport » que les Français adorent pratiquer, spécialement en été et avec un verre à la main. Également et familièrement appelé « les boules ».

Pirelli

Entreprise italienne largement plus connue dans l'Hexagone pour les calendriers qu'elle édite que pour les pneumatiques qu'elle fabrique.
Tout comme Michelin, également à l'image des préférences françaises...

Poulidor (Raymond)

Numéro 2 à l'arrivée du Tour de France, mais numéro 1 dans le cœur des Français.

R.

Résistance (la)

L'une des plus brillantes lumières de l'Histoire de France, au cours d'une de ses périodes les plus sombres.

Rosbif

De l'anglais *roastbeef* (bœuf rôti), mets culinaire. Néanmoins de nos jours davantage employé pour nommer avec sympathie nos voisins britanniques, en échange du non moins sympathique *Froggies*.

Roland-Garros

Tournoi de tennis se déroulant en France, et qui est cependant constamment remporté par des étrangers.

S.

Sandwich

Selon le *Larousse,* tranches de pain, entre lesquelles on met une tranche de jambon, de fromage, etc. mais qui étonnamment, devient synonyme de conjoint dans le sud de la France.

Stromae

Chanteur français extrêmement populaire, tout comme Jacques Brel (cherchez les erreurs).

Stade de France

Stade de France comme son nom l'indique, ayant suscité une consultation d'ampleur nationale afin de lui attribuer un nom.

Stylo

Redoutable outil de drague avant l'arrivée des portables.

Slip (il a craqué son)

Expression bien heureusement imagée et très employée par la jeunesse gauloise, pour désigner quelqu'un qui a perdu la tête.

Sud

Partie du globe terrestre qui coule dans les veines de beaucoup de Français.

Suisse

Dans l'Hexagone, souvent associé au chiffre 3, à l'adjectif petit, et au mot couteau.

T.

Tuerie (c'est une)

Expression qui, curieusement, se réfère davantage de nos jours à un succulent plat cuisiné, plutôt qu'à un massacre sanguinaire.

U.

Ustinov (Peter)

Comédien britannique francophile et francophone, qui a prononcé un jour cette magnifique phrase : *« Les Français et les Anglais sont de si bons ennemis qu'ils ne peuvent s'empêcher d'être des amis ».*

V.

Vénus de Milo

Mythique statue de l'époque hellénistique, exposée au Louvre, et ayant fait l'objet de rudes négociations par ses découvreurs français afin de l'acquérir.
Peut-être à l'origine de l'expression : « Ça m'a coûté un bras ».

Vin

Élixir de jouvence si présent dans la culture française que l'on dit : « Il faut voir le verre de vin à moitié plein plutôt qu'à moitié vide ».

W.

Lettre très peu usitée dans la langue de Molière. À vrai dire, je n'ai pas trouvé de mot suffisamment amusant ou pertinent commençant par cette lettre.

X.

Lettre trop souvent classée à ses dépens.

X (l')

Surnom d'une prestigieuse école militaire française, formant avant tout... des dirigeants d'entreprise.

Y.

Yo-yo

Mot souvent employé pour signifier d'incessantes montées et descentes, comme le jeu éponyme et parfois le moral des Français.

Z.

Zéro

Premier chiffre qui commence par la dernière lettre de l'alphabet. Une définition inventée par votre humble narrateur tout à fait à l'image du chiffre.

GRATITUDE

Merci à vous, chers lecteurs, d'avoir lu mon livre ! Si j'ai pu vous faire rire, vous apprendre certaines choses, mais avant tout vous faire passer un bon moment, alors sachez que j'en serai très heureux. Ce sera pour moi la plus belle des récompenses.

Merci à la France, pays que j'aime tant, bien que je lui sois infidèle depuis plus d'un quart de siècle. Je le répète une nouvelle fois, si je n'avais pas été français, j'aurais tellement aimé l'être...

Merci à mes parents pour tout. J'ai eu tellement de chance de vous avoir !

Merci à mon frère pour tous ses précieux conseils.

Merci à ma femme pour son amour inconditionnel (là, j'exagère quand même un peu...) et pour tolérer la vision des matchs de water-polo !

Merci à mes enfants Jon et Clara, pour parfois supporter mes absences.

Merci à mon comité de lecteurs : Mistou, Carmen, Jean-Marie, Folco et Guillaume.

Et...

Merci à Dieu, God, Allah, Javeh, Dios, la source…

Soyez heureux, soyez dans l'amour… Il n'y a que ça de vrai dans la vie.

Nous ne sommes faits que pour aimer !

SOURCES

Tous les Français (dont je fais aussi partie !) que j'ai croisés de près ou de loin et depuis toujours. Ce sont eux qui ont principalement inspiré ce livre.

Les médias français : depuis que j'ai en tête l'écriture de cet ouvrage, je les lis d'un autre œil, les écoute différemment, les observe en profondeur afin de mieux saisir les secrets de mon pays.

La grande, magnifique et universelle toile internet, et plus précisément les articles et références suivantes :

Article de Pascal Riché publié le 25 mai 2013 dans *L'obs-avec rue99* https://www.nouvelobs.com/rue89/rue89-rue89-culture/20130525.RUE6483/neuf-choses-que-vous-ne-savez-sans-doute-pas-sur-jeanne-d-arc.html
http://thaloe.free.fr/francais/historic1.html
« Les Français sont les plus arrogants d'Europe selon...les Français » publié dans *Le HuffPost* le 15 mai 2013 pour huffingtonpost.fr
https://www.huffingtonpost.fr/2013/05/15/francais-plus-arrogants-europe-selon-francais_n_3277489.html
Article de Julie Piérart du 8 mars 2017 publié dans *Babbel magazine* « les origines de la langue française »
https://fr.babbel.com/fr/magazine/histoire-du-francais

199

Article publié dans *L'express* par Michel Feltin-Palas, le 3 septembre 2019 « Paris n'est plus la première ville francophone du monde » https://www.lexpress.fr/culture/paris-n-est-plus-la-premiere-ville-francophone-du-monde_2096093.html

Article de Ilyes Zouar publié 15 mai 2017 dans *Les Échos* https://francophonie-avenir.com/fr/Info-breves/231-Paris-n-est-plus-la-premiere-ville-francophone-du-monde

Article de Anne-Cécile S. publié le 23 mai 2016 dans *Franchement bien* « le bikini une invention française » https://franchementbien.fr/le-bikini-une-invention-francaise/

Article publié dans *Futura Sciences*, non daté ni signé : « Qui sont les principaux philosophes des Lumières ? » https://www.futura-sciences.com/sciences/questions-reponses/histoire-sont-principaux-philosophes-lumieres-5625/

https://www.pourquois.com/inclassables/pourquoi-joue-plus-rugby-dans-sud-ouest.html

Article de Claire Jenik du 8 août 2019, « Les Français, champions du temps passé à table » https://fr.statista.com/infographie/13223/heures-minutes-passees-manger-et-boire-ocde/

Article publié dans *Le point* le 7 juillet 2017 « Le critique gastronomique Christian Millau, cofondateur du "Gault et Millau", est décédé https://www.lepoint.fr/societe/le-critique-gastronomique-christian-millau-cofondateur-du-gault-et-millau-est-decede-07-08-2017-2148516_23.php

Article publié par Marcel Gay le 5 janvier 2020 « Parlera-t-on encore français dans 50 ans ? https://infodujour.fr/culture/8988-parlera-t-on-encore-francais-dans-50-ans

Article publié par Blandine Lamorisse dans *La République du centre* le 5 février 2018 « Étoiles, assiettes, couverts... Le vocabulaire du Guide Michelin décrypté » https://www.lejdc.fr/nevers-58000/actualites/etoiles-assiettes-couverts-le-vocabulaire-du-guide-michelin-decrypte_12728362/

http://www.fromage-france.fr/

Article publié dans *Science&vie* par Adeline Colonat le 30 septembre 2017 « le vin rouge est-il vraiment bon pour le cœur ? » https://www.science-et-vie.com/questions-reponses/le-vin-rouge-est-il-vraiment-bon-pour-le-coeur-9620

Article publié dans *La-Philo*, non daté ni signé : « La Philosophie des Lumière » https://la-philosophie.com/philosophie-lumieres

Article publié par La Brinvilliers le 17 mai 2019 dans Histoire pour tous de France et du monde « La découverte de la Vénus de Milo » https://www.histoire-pour-tous.fr/arts/2985-la-venus-de-milo.html

Article publié par Laurent Guez le 24 juin 2014 dans *Les Échos* « les Français et l'argent des relations compliquées https://www.lesechos.fr/2015/06/les-francais-et-largent-des-relations-compliquees-266832

Article publié par Nadasto le 18 février 2014 « Les différences entre le Cognac et l'Armagnac » http://gourmandisesansfrontieres.fr/2014/02/les-differences-entre-le-cognac-et-larmagnac/

Article rédigé par Stéphane.B le 25 septembre 2015 « Cinq différences entre le cognac et l'armagnac » http://www.cognacprunier.fr/blog/article26/5-differences-entre-le-cognac-et-l-armagnac

Article publié dans *La Croix* par Mireille Hadas-Lebe le 28 mai 2015 « Les juifs de France quelques leçons de l'histoire

https://www.la-croix.com/Urbi-et-Orbi/Archives/Documentation-catholique-n-2520-E/Les-juifs-de-France-quelques-lecons-de-l-histoire-2015-05-28-1317025

Article publié par Blandine Le Cain le 10 avril 2013 dans *Le Figaro* « Pourquoi les Français ont-ils du mal à parler d'argent ? »

https://www.lefigaro.fr/actualite-france/2013/04/10/01016-20130410ARTFIG00896-pourquoi-les-francais-ont-ils-du-mal-a-parler-d-argent.php

https://www.ensemble-en-france.org/pourquoi-parler-dargent-est-tabou-en-france/

Article publié par VL dans *France Soir* le 11 décembre 2014 « pourquoi la Marseillaise s'appelle ainsi »

http://www.francesoir.fr/culture-musique/pourquoi-la-marseillaise-sappelle-t-elle-ainsi

Article publié dans *Paris zig zag* : « Quel est le plus vieux monument de Paris ? »

https://www.pariszigzag.fr/secret/histoire-insolite-paris/plus-vieux-monument-parisien

Article de Jean-Baptiste Pasquier : « La véritable histoire du pastis !» publié dans « le petit ballon» le 18 juillet 2019 https://www.lepetitballon.com/blog/histoire-pastis.html

Article de Pierre Ménager

https://www.uneautremarseillaisepourlafrance.fr/blog/2015/12/le-sang-impur-de-la-marseillaise-na-jamais-ete-celui-des-francais/

Article publié le 16 juin 2017 « Pourquoi les frites sont-elles des « french fries » chez nos voisins anglo-saxons ? »
http://mccain.begooddogood.fr/pourquoi-les-frites-sont-elles-des-french-fries-chez-nos-voisins-anglo-saxons/
Article publié le 12 mars 2017 par Christine Mateus dans *Le Parisien* « la pêche sport superstar »
http://www.leparisien.fr/societe/loisirs-la-peche-sport-superstar-12-03-2017-6754746.php
Article publié le 28 juin 2013 par Polyglotcoach dans *Polyglottes* : « Oh là là ! Levons le mystère sur cette expression française mythique »
https://polyglottes.org/2013/06/28/oh-la-la/

La couverture de *Bienvenue chez les Gaulois* a été réalisée avec les dessins d'Akia Louh, une très talentueuse dessinatrice.

Bon vent à vous !

ANNONCE

Si vous avez aimé *Bienvenue chez les Gaulois* alors peut-être aimerez-vous aussi *Bienvenue chez les Ibériques.*

Pourquoi les Espagnols sont-ils si proches (dans tous les sens du terme) de leur famille ?

Comment font-ils pour aussi bien concilier travail, fête et sieste ?

D'où leur vient ce surprenant amour pour le sport ? La religion est-elle toujours aussi influente en Espagne ?

Quels sont les secrets de la langue de Cervantes ?

Pourquoi, de nos jours, un tel engouement pour la gastronomie espagnole ?

Qu'arrive-t-il donc aux Catalans ?

Que pensent les Ibériques des autres nations ?

Des questions, entre autres, qui trouveront réponse dans ce livre à travers les anecdotes amusantes et le vécu de deux décennies passées dans ce pays... si différent du nôtre.

Bienvenue chez les Ibériques

L'Espagne dans tous ses états,
sous la plume amusée d'un Français expatrié

Gaspard Chevallier

Printed by Amazon Italia Logistica S.r.l.
Torrazza Piemonte (TO), Italy

23334454R00119